Massage
Eine Einführung in die
Techniken der Massage

619 - 21. Aug. 1985 - 2.982
152 Seiten, 77 Abb. u. 4 Tab.
Kunststoff DM 22,-- - 250 g
Satz und Druck: Druckerei
Magnus Poser, Jena

Herausgeber:

OMR Dr. sc. med. J. Christoph Cordes
ehemals Ärztlicher Direktor der Kureinrichtungen des Bezirkes Leipzig
und des Sanatoriums für Herz-Kreislauf-Krankheiten, Bad Lausick

Doz. Dr. sc. med. Wolf Arnold
Oberarzt an der Orthopädischen Klinik
der Karl-Marx-Universität, Leipzig

StR. Dipl-Med.-Päd. Brigitte Zeibig
Wissenschaftliche Mitarbeiterin am Institut für Weiterbildung
mittlerer medizinischer Fachkräfte, Potsdam

Autoren:

MR Prof. Dr. med. habil. W. A. Dalicho †
(Segmentmassage)

Hella Haase
Krankengymnastin, Leipzig
(Bindegewebsmassage)

Prof. Dr. sc. med. Herbert Krauß
ehemals Chefarzt der Klinik für Physiotherapie
am Städtischen Klinikum Berlin-Buch
(Periostbehandlung)

Christel Reichert
Fachlehrerin an der Medizinischen Fachschule
der Karl-Marx-Universität Leipzig,
(Befunderhebung, Überarbeitung der Segmentmassage)

Louise Schumann
Fachschullehrerin, Heidenau
(Einführung, Klassische Massage)

W. A. Dalicho †
H. Haase
H. Krauß
C. Reichert
L. Schumann

MASSAGE

Eine Einführung
in die Techniken der Massage

Mit 77 Abbildungen und 4 Tabellen

2., überarbeitete Auflage

Steinkopff Darmstadt

CIP-Kurztitelaufnahme der Deutschen Bibliothek

Massage: e. Einf. in d. Techniken d. Massage
/W. A. Dalicho ... [Hrsg.: J. Christoph
Cordes ...]. – 2., überarb. Aufl. – Darmstadt:
Steinkopff, 1985.
ISBN-13:978-3-7985-0668-8 e-ISBN-13:978-3-642-72383-4
DOI: 10.1007/978-3-642-72383-4

NE: Dalicho, Wilhelm A. [Mitverf.]; Cordes,
Johannes Christoph [Hrsg.]

Ausgabe für die Bundesrepublik Deutschland

Dr. Dietrich Steinkopff Verlag GmbH & Co KG, Darmstadt

Vorwort zur 3. Auflage

In kurzer Zeit waren 2 Auflagen des Lehrbuches „Massage" vergriffen, so daß die vorliegende 3., überarbeitete Auflage notwendig wurde.
Neue Erkenntnisse wurden eingearbeitet; das betrifft besonders die Kapitel Befunderhebung und Segmentmassage.
Herrn Chefarzt Dr. Steglich danken wir an dieser Stelle sehr herzlich für die Hinweise zur Überarbeitung des Kapitels Befunderhebung. Seine reichen Erfahrungen kommen damit Lehrern, Schülern und den Kollegen der Praxis zugute.
In das Kapitel Segmentmassage wurden die Hinweise des verstorbenen Autors, Herrn Professor MR Dr. med. habil. Dalicho, von Frau Christel Reichert eingearbeitet.
An der Entwicklung einer einheitlichen diagnose-, befund- und gewebsgezielten Massage wird weiter gearbeitet. Auch zum jetzigen Zeitpunkt ist diese noch nicht so weit erprobt, daß sie in ein Lehrbuch aufgenommen werden könnte. Es ist deshalb weiterhin im Interesse der optimalen Behandlung unserer Patienten erforderlich, mehrere – sich teilweise überschneidende – Techniken zu vermitteln. Der verordnende Arzt wird zu entscheiden haben, welche Technik jeweils zur Anwendung kommt.
Auch mit diesem Band verfolgen Autoren und Herausgeber das Ziel, den neuesten Wissensstand zu vermitteln und zur berufsethischen Erziehung beizutragen.

Herausgeber und Autoren

Vorwort zur 4. Auflage

Auch die 3. Auflage dieses Lehrbuches war kurz nach ihrem Erscheinen wieder vergriffen. Im Interesse einer kontinuierlichen Lehrbuchversorgung wurde daher kurzfristig beschlossen, eine 4., unveränderte Auflage herauszugeben. Mit dieser Auflage erscheint die „Massage" letztmalig in der vorliegenden Form.
Weitere Nachauflagen werden mit dem jetzigen Band „Hydro- und Elektrotheraphie" zusammengelegt und in einem neuen Format sowie mit veränderter Gestaltung herausgegeben.

Herausgeber und Autoren

Inhaltsverzeichnis

1.	**Einführung**	11
1.1.	Geschichte der Massage	11
1.2.	Vorbereitung der Massage	12
1.2.1.	Voraussetzungen	12
1.2.1.1.	Massageraum	12
1.2.1.2.	Behandler	13
1.2.1.3.	Patient	15
1.2.2.	Lagerung des Patienten	16
1.2.2.1.	Rückenlage	16
1.2.2.2.	Bauchlage	16
1.2.2.3.	Entspannte Seitenlage	17
1.2.2.4.	Lagerung des Arms auf einem Armtisch	17
1.2.2.5.	Sitzhaltung	17
2.	**Befunderhebung**	19
2.1.	Bedeutung und Zielstellung	19
2.2.	Die Konstitution und ihre Ermittlung für den allgemeinen Befund des Patienten	20
2.3.	Die Kondition und ihre Ermittlung für den allgemeinen Befund des Patienten	21
2.4.	Zustandsänderungen in den Geweben und ihre Ermittlung für den speziellen Befund des Patienten	22
2.4.1.	Zustandsänderungen der Haut	22
2.4.2.	Zustandsänderungen des Bindegewebes	23
2.4.3.	Zustandsänderungen der Muskulatur	25
2.4.4.	Zustandsänderungen am Periost	26

3. **Die klassische Massage** 28

3.1. Streichungen 29
3.1.1. Einteilung der Streichungen 29
3.1.1.1. Flächige Streichungen 29
3.1.1.2. Dehnende Streichungen 30
3.1.2. Durchführung der Streichungen 30
3.1.2.1. Streichungen an der Dorsalseite des Körperstamms 30
3.1.2.2. Streichungen am Bein 33
3.1.2.3. Streichungen am Arm 36
3.1.2.4. Streichungen am Bauch 36
3.1.2.5. Streichungen am Thorax 38
3.1.2.6. Streichungen an Gesicht und Kopf 40
3.2. Reibungen 40
3.3. Hautverschiebungen 41
3.4. Knetungen 44
3.4.1. Abhebende Knetung 44
3.4.2. Flächige Knetungen 46
3.5. Zirkelungen 48
3.6. Klopfungen – Klatschungen – Hackungen 49
3.7. Muskelschüttelungen 50
3.8. Erschütterungen 51
3.9. Vibrationen 52
3.10. Intermittierende Drückungen 52
3.11. Aufbau der Massage 53
3.11.1. Allgemeine Hinweise 53
3.11.2. Aufbau der Teilmassagen 55
3.11.2.1. Behandlung der Dorsalseite des Körperstamms 55
3.11.2.2. Behandlung des Thorax 57
3.11.2.3. Behandlung des Bauches 59
3.11.2.4. Behandlung des Beckengürtels und der unteren Extremität 60
3.11.2.5. Behandlung des Schultergürtels und der oberen Extremität 62
3.11.2.6. Behandlung des Kopfes 66
3.11.2.7. Behandlung des Gesichts 67
3.11.3. Einige Beispiele für eine befundgerechte Behandlung 69
3.11.3.1. Behandlung der Myogelosen im Schulter-Nacken-Gebiet 69
3.11.3.2. Behandlung hypotonischer Muskulatur am Arm nach Ruhigstellung . . . 70
3.11.3.3. Behandlung einer Stauung am Bein bei Varizen 70

4. **Segmentmassage** 72

4.1. Zielstellung und Begründung der Segmentmassage 72
4.2. Ausführung der Segmentmassage 73
4.2.1. Lagerung des Patienten 73

4.2.2. Griffe und Griffkombinationen 73
4.2.2.1. Gewebsadäquate Griffe der Segmentmassage 73
4.2.2.2. Spezielle Griffkombinationen 75
4.3. Aufbau der Segmentmassage 83
4.3.1. Grundsätze des räumlichen und zeitlichen Vorgehens 83
4.3.2. Aufbau der regionalen Behandlungen 83
4.3.2.1. Dorsalbehandlung 84
4.3.2.2. Thoraxbehandlung 85
4.3.2.3. Kopf- und Nackenbehandlung 86
4.3.2.4. Beckenbehandlung 87
4.3.2.5. Behandlung der Extremitäten 88
4.4. Spezielle Richtlinien für die Dosierung der Segmentmassage 88
4.4.1. Allgemeine Dosierungsparameter für die Segmentmassage 89
4.4.2. Spezielle Richtlinien für die Dosierung 89
4.5. Wirkungen der Segmentmassage 90
4.5.1. Erstrebte Reaktionen 90
4.5.2. Unerwünschte Reaktionen 93

5. Bindegewebsmassage 94

5.1. Technische Voraussetzungen 95
5.1.1. Ausgangsstellungen 95
5.1.2. Haltung der Hände 96
5.1.3. Feststellung der Bindegewebszonen 96
5.2. Flächige Bindegewebsmassage 99
5.2.1. Technik 100
5.2.2. Arbeitsgänge 100
5.2.3. Wirkungsweise 102
5.3. Unterhaut- und Faszientechnik 102
5.3.1. Arbeitsgänge im Kreuzbein-Becken-Bereich 105
5.3.2. Arbeitsgänge im lateralen Rumpfbereich 107
5.3.3. Arbeitsgänge im dorsalen Thoraxbereich 109
5.3.4. Arbeitsgänge im ventralen Rumpfbereich (sog. „Bauchstriche“) 111
5.3.5. Arbeitsgänge am Hals, am Kopf und im Gesicht 112
5.3.6. Reiz- oder Reaktionspunkte 114
5.3.7. Arbeitsgänge an der unteren Extremität 117
5.3.8. Arbeitsgänge an der oberen Extremität 120
5.4. Hauttechnik 122
5.4.1. Technische Vorbemerkungen 122
5.4.2. Arbeitsgänge mit der Hauttechnik 123
5.5. Wirkungsweise der Bindegewebsmassage 124
5.5.1. Subjektive Empfindungen des Patienten 124
5.5.2. Hautreaktionen 125
5.5.3. Nervale Reaktionen 126
5.5.4. Spätreaktionen 126

6.	**Periostbehandlung**	128
6.1.	Definition und Geschichte der Methode	128
6.2.	Wirkungsweise der Periostbehandlung	128
6.2.1.	Örtliche Wirkungen	128
6.2.2.	Ferngeleitete Wirkungen	129
6.2.3.	Periostbehandlung und Schmerzbekämpfung	131
6.3.	Stellung der Methode innerhalb der Physiotherapie	132
6.4.	Technik der Periostbehandlung	133
6.5.	Spezielle Anwendungstechnik an den wichtigsten Körperregionen	136
6.6.	Kontraindikationen der Periostbehandlung	148
7.	**Unbeabsichtigte Reaktionen durch die Massage**	149
Sachwortverzeichnis		151

1. Einführung

1.1. Geschichte der Massage

Massage – dieser Begriff stammt entweder von dem griechischen Wort „massein“ oder „massev“ und bedeutet kneten, reiben, betasten. Er wird in den europäischen und z. T. auch außereuropäischen Ländern seit Beginn des 19. Jahrhunderts einheitlich angewendet. Nach Überlieferungen spielte die Massage bereits im Altertum eine wichtige Rolle. Sie war bei den Chinesen, Japanern, Indern, Griechen und Römern bekannt. Erwähnt seien HIPPOKRATES (460–377 v. u. Z.) und ASKLEPIADES (128–56 v. u. Z.), die die Massage als wichtiges Heilmittel ansahen. Neben der Massage kannte man im Altertum Behandlungsmethoden, die an heutige Reflexzonentherapien erinnern, genannt sei die Akupunktur.

Nach langer Zeit des Schweigens finden sich Niederschriften über Massage im Mittelalter in Arabien (908–1037 u. Z.). Sie wird dort als Maßnahme medizinischer Behandlung beschrieben.

Obwohl diese Erkenntnisse durch die Kreuzfahrer auch nach Europa kamen, wurden sie unter starkem, negativem, klerikalem Einfluß vernachlässigt. Die Inquisition verfolgte alle diejenigen, denen solche „Heilkünste“ nachgesagt wurden und verurteilte sie zum Tod durch Verbrennen auf dem Scheiterhaufen.

So ist der eigentliche Aufschwung der Massage erst dem Wirken des schwedischen Arztes LING (1776–1839) zu verdanken. Er betrachtete die Massage im Zusammenhang mit der Gymnastik und bemühte sich um eine Systematisierung der Griffe. Seine Methode wurde als „Schwedische Massage“ bekannt; leider fehlte ihr die wissenschaftliche Fundierung. Sie wurde durch MEZGER (1839–1901), Amsterdam, weiterentwickelt, ihm kam es besonders auf den Ausbau der medizinisch-therapeutischen Indikation an. Von ihm ausgebildete Ärzte verbreiteten die Massage in die ganze Welt. MEZGER kommt das Verdienst zu, Nichtakademiker zu Masseuren ausgebildet zu haben. Nach MEZGER beschäftigten sich viele Ärzte mit der wissenschaftlichen Begründung der Massage, z. B. LANGENBECK, BILLROTH, ESMARCH, MOSENGEIL u. a.

Man erkannte bereits damals neben einer örtlichen auch reflektorische Wirkungen der Massage.

Große Verdienste um die Ausbreitung der Massage kommen dem russischen Arzt Zabludowski (1882) zu, der in Preußen wirkte und in Berlin die erste staatliche Massageschule aufbaute. Diese blieb nach seinem Tode nicht bestehen, und es gelang erst 1926 Kirchberg, eine neue Schule ins Leben zu rufen. Kirchberg erweiterte die Methoden von Mezger und Zabludowski. Durch die Erkenntnisse Heads (1889) über die „Veränderungen der Körperdecke bei Erkrankungen innerer Organe" und Mackenzies (1917) über die „erhöhte Spannung und tiefe Hyperalgesie der Muskulatur bei Erkrankungen innerer Organe" wurde die Entwicklung von Spezialmethoden der Massage gefördert. Sie haben den Vorteil eines klaren Aufbaus, einer festgelegten exakten Griffolge und der Beschreibung der Reaktionsweise auf spezifische Gewebe. Somit sind die Spezialmethoden gut lehrbar.
Für die Massage insgesamt bestand nun die Gefahr der Zersplitterung, die auch heute noch nicht überwunden ist.
Zur Abgrenzung gegenüber den sich entwickelnden Spezialmethoden verwendete man für die übernommenen Formen der Massage den Begriff „Klassische Massage".
Dank des Wirkens vieler Ärzte und Wissenschaftler kann man heute einschätzend von der klassischen Massage sagen, daß sie wissenschaftlich begründet ist, daß sie befundgerecht durchgeführt wird, daß sie die Veränderungen der Körperdecke berücksichtigt und nach wie vor therapeutisch wichtig ist.
Man sollte aber im Interesse der Lehrenden und Lernenden und vor allem im Interesse einer optimalen therapeutischen Versorgung der Patienten an einer Vereinheitlichung der Massage interessiert sein.

1.2. Vorbereitung der Massage

1.2.1. Voraussetzungen

1.2.1.1. Massageraum

Durch eine zweckmäßige Raumgestaltung müssen optimale Arbeitsbedingungen geschaffen werden. Der Raum soll hell, geräumig, gut belüftbar, sauber und ordentlich sein. Die Raumtemperatur beträgt 20–22 °C, darunter liegende Temperaturen führen zur Abkühlung des Patienten und somit zur Steigerung des Muskeltonus. Auch die Einrichtung des Massageraums muß dem Zweck entsprechen. Folgende Einrichtungsgegenstände sind notwendig.
Massagebänke. Die Anzahl soll dem Bedarf entsprechen. Dabei muß berücksichtigt werden, daß der Patient nach der Behandlung mindestens 30 min nachruhen soll und die Massagebank in dieser Zeit für eine nachfolgende Massagebehandlung nicht zur Verfügung steht. Die einzelnen Massagebänke werden durch Trennwände (Stellwände, Folie oder Stoffvorhänge) gegen-

einander abgegrenzt, so daß eine individuelle Behandlung möglich ist. Die Aufstellung der Massagebänke erfolgt so, daß der Patient nicht ins Licht sehen muß, denn durch eine intensive Lichteinwirkung kann die Muskelspannung erhöht werden. Die Massagebank muß von allen Seiten zugängig sein. Ihre Größe beträgt 1,85–2,00 m Länge, 0,70–0,80 m Breite, 0,75–0,80 m Höhe. Das Kopfteil ist verstellbar. Die Massagebänke sind aus Gründen der Standfestigkeit in der Höhe nicht verstellbar. In einer Behandlungseinrichtung sollten deshalb niedrigere und höhere Bänke, entsprechend den unterschiedlichen Körpergrößen der Behandler, vorhanden sein, damit sie an der Massagebank eine günstige Arbeitshaltung einnehmen können. Die Platte der Massagebank ist straff gepolstert und mit abwaschbarem Material bespannt. Zur Massage wird die Massagebank mit einer Decke und einem weißen Laken belegt. Das Laken muß für jeden Patienten erneuert werden, falls der Patient nicht noch zusätzlich ein Handtuch, Badetuch oder Laken zur Behandlung mitbringt.
Kleine Massagetische. Zum Beispiel Armtische, für eine Arm- oder Hand-Massage am sitzenden Patienten. Die Höhe der Massagetische beträgt durchschnittlich 0,70 m. Sie sind ebenfalls, wie die Massagebänke, straff gepolstert und mit abwaschbarem Material bespannt.
Außerdem gehören zur Einrichtung *Massagestühle* und *-hocker* sowie *Fußbänkchen.*

Hilfsmittel. Decken, Laken, Lagerungskissen verschiedener Größe, kleine und große Rollen, Sandsäckchen und Geräte, die in der Massagevorbereitung verwendet werden.

Die Vorbereitung des Patienten für die Massage mittels ansteigender Teilbäder, Duschen, Dampfduschen usw. soll außerhalb des Massageraumes erfolgen. Durch diese „Feuchtanwendungen" steigen die Temperatur und der Feuchtigkeitsgehalt der Raumluft an, was sowohl für den Patienten als auch für den Behandler eine Belastung darstellt und den Reaktionsablauf bei dem Patienten erheblich verändern kann. Außerdem soll sich der Patient außerhalb des Massageraums umkleiden. Ein entsprechender Umkleideraum mit verschließbaren Schränken muß für diese Zwecke vorhanden sein.

1.2.1.2. Behandler

An den Behandler werden hohe Anforderungen gestellt. Zwischen ihm und dem Patienten muß ein Vertrauensverhältnis geschaffen werden. Durch sein gesamtes Verhalten und Auftreten muß der Behandler um einen guten Kontakt zu seinem Patienten bemüht sein, da der Erfolg der Behandlung wesentlich davon abhängen kann. Im Umgang mit dem Patienten soll er sachlich, aufmerksam, geduldig, freundlich, taktvoll und zurückhaltend sein. Hilfsbereitschaft und Verantwortungsbewußtsein sind wichtige Charaktereigenschaften des Behandlers. Das Bemühen um den Patienten steht im Vordergrund seiner Arbeit. Die gesamte Persönlichkeit des Patienten, sein physi-

scher und psychischer Zustand müssen individuell erfaßt werden, um einen richtigen Therapieplan aufstellen zu können. Dabei wird der Behandler von dem Arzt angeleitet und beraten. Das schließt aber nicht aus, daß der Behandler stets sein Wissen, seine praktischen Fähigkeiten und Fertigkeiten erweitern muß, um ein guter Helfer des Arztes zu sein. Bereits während der Ausbildung ist darauf zu achten, daß die Vielzahl der theoretischen Kenntnisse (z. B. in den Fächern Anatomie, Physiologie, pathologische Physiologie) in der Praxis angewendet wird. Nach Abschluß der Ausbildung spielt die systematische Weiterbildung eine wichtige Rolle.
Neben diesen grundsätzlichen Verhaltensnormen ist auch eine gepflegte äußere Erscheinung des Behandlers von Bedeutung. Der Behandler ist durch die tägliche Arbeit großen Belastungen ausgesetzt. Um Schädigungen vorzubeugen, sollte er eine Ausgleichsgymnastik für Angehörige mit stehenden Berufen betreiben.
Einer ganz besonderen Pflege bedürfen die Hände, die wichtigsten Arbeitsinstrumente des Behandlers. Sie müssen gleitfähig, anpassungsfähig, geschickt und kräftig sein. Durch richtige Pflege und zweckentsprechendes Training können gute Anlagen entwickelt werden. Der Behandler muß dafür Sorge tragen, daß seine Hände sauber, trocken, warm und weich sind. Gegen kalt-feuchte Hände helfen wechselwarme Handbäder, das Einreiben der feuchten Hände mit Zitronensaft oder Franzbranntwein und anschließendes Trocknen an der Luft.

Beachte

- Beim Lernenden tritt in der ersten Zeit des Übens der Massagegriffe häufig Handschweiß auf. Mit der Gewöhnung an diese Arbeit verliert sich diese Erscheinung, man soll deshalb keine der erwähnten Maßnahmen in Anwendung bringen.

Gegen rissige und spröde Hände hilft das Einreiben mit glyzerinhaltigen Cremes und Ölen. Eventuell vorhandene Hornschwielen müssen entfernt werden, und der Behandler muß Beschäftigungen vermeiden, die zur Ausbildung neuer Schwielen führen können.
Die Fingernägel werden kurz und rund gefeilt, so daß sie die Fingerkuppe nicht überragen.
Um die Anpassungsfähigkeit, die Geschicklichkeit und die Kraft der Hände zu üben, führt man ein zweckentsprechendes Training durch. Man berücksichtigt besonders
- die Dehnfähigkeit der Handfläche durch Üben der Dorsalextension im Handgelenk,
- die Dehnfähigkeit zwischen Daumen und Zeigefinger und zwischen allen Fingern,
- die Kräftigung der Finger- und der Daumenbeuger,
- Übungen zur Lockerung des Handgelenks und der Fingergrundgelenke, wie z. B. Schüttelungen der Hände, Handkreisen, Fingerkreisen.

Die Kleidung des Behandlers muß sauber und vor allem zweckentsprechend sein. Es wird ein weißer, kurzärmliger Kittel mit Rückenschluß empfohlen. Die besondere Belastung der Füße soll durch das Tragen fußgerechter Schuhe berücksichtigt werden. Auf das Anlegen von Schmuck muß verzichtet werden, da sowohl Patient als auch Behandler damit verletzt werden können.

Beachte

- daß der Behandler seine Arbeitsweise ständig überprüfen muß; dazu gehören folgende Punkte:
  - beidhändiges Arbeiten
  - sichere Ausführung aller Massagegriffe
  - differenzierte Tastfähigkeit
  - Konzentration auf die Behandlung.

- daß der Behandler eigene Belastungsschäden vermeiden soll; dazu gehören folgende Punkte:
  - Kraftübertragung vom Rumpf über die Arme auf die Hände
  - Wahl einer günstigen Ausgangsstellung
  - ökonomische Körperhaltung an der Bank
  - gleichmäßige, fließende Atmung.

1.2.1.3 Patient

Auch vom Patienten müssen einige Voraussetzungen erfüllt werden, die den Behandlungsablauf und das Erreichen des Behandlungsziels unterstützen. Er muß sauber zur Behandlung kommen. Bei Verschmutzungen werden durch die Massage Schmutzteilchen in die Hautöffnungen gerieben, wodurch Entzündungen und Ekzeme entstehen können.
Der Patient soll sich nur so weit entkleiden, wie es für die Massagebehandlung notwendig ist. Selbstverständlich müssen alle beengenden Kleidungsstücke abgelegt oder gelockert werden.
Der Patient ist darüber aufzuklären, daß er etwa 2 h vor der Behandlung keine größeren Mahlzeiten zu sich nehmen soll und daß Blase und Darm entleert sein müssen.
Das allgemeine Verhalten des Patienten wird weitgehend davon abhängen, inwieweit es der Behandler versteht, einen guten Kontakt zu ihm herzustellen und ihn von der Wirksamkeit der angewendeten Behandlungsmethode zu überzeugen. Das Verhalten des Patienten und seine Einstellung zur Behandlung sind vielfach ein Spiegelbild des Verhaltens und der Arbeitsweise des Behandlers. Bei richtiger Führung wird sich auch der Patient intensiv an der Wiederherstellung seiner Gesundheit beteiligen.

1.2.2. Lagerung des Patienten

Bei der Lagerung des Patienten für die Massagebehandlung sind folgende Gesichtspunkte zu berücksichtigen:

- Erreichen einer bestmöglichen Schmerzfreiheit durch maximale Entspannung der Muskulatur und des Bandapparates durch eine Lagerung der Gelenke in Mittelstellung und durch Vermeidung von Haltearbeit,
- Vermeiden eines häufigen Lagewechsels,
- Ausschaltung störender äußerer Faktoren, wie z. B. Lärm, Kälte, grelles Licht, Anwesenheit dritter Personen, Unterhaltung,
- Abdeckung aller nichtbehandelten Körperteile.

Man unterscheidet verschiedene Lagerungen.

1.2.2.1. Rückenlage

Die Massagebank muß groß genug sein, daß der ganze Körper des Patienten sicher und bequem aufliegen kann. Man unterlagert die physiologische Krümmung der Halswirbelsäule mit einem kleinen Kissen oder einer kleinen flachen Rolle. Die Krümmung der Lendenwirbelsäule wird in den seltensten Fällen mit einem Kissen unterstützt. Durch entsprechende Lagerung der Beine verändert man die Beckenstellung und schafft somit auch im Bereich der Lendenwirbelsäule einen Ausgleich der Krümmung. Unter die Kniekehlen wird eine Knierolle gelegt, damit werden Hüft- und Kniegelenke in eine leichte Beugestellung gebracht. Wird die Entspannung der Muskulatur damit nicht gewährleistet, so erhöht man die Unterlagerung unter den Knien und vergrößert die Beugestellung. Druckschmerzen an den Fersen verhindert man durch Unterlegen kleiner Kissen unter die Achillessehne oder durch Fersenringe.
Bei der Lagerung der Arme berücksichtigt man eine Abduktion von etwa 30° im Schultergelenk. Die Unterarme sind im Ellenbogengelenk etwas gebeugt und liegen proniert auf einer keilförmigen Unterlage. Bei der Rückenlage muß man beachten, daß Patienten mit Erkrankungen der Atemorgane und des Herzens stets mit erhöhtem Oberkörper gelagert werden müssen.

1.2.2.2. Bauchlage

Bei der Bauchlage werden ebenfalls die physiologischen Krümmungen der Wirbelsäule mit Hilfe von flachen Kissen ausgeglichen, besonders wichtig ist das bei starker Hohlkreuzbildung. Der Kopf wird auf die Seite gelegt, dabei ist er immer dem Behandler zugewendet. Wird eine Massage im Schulter-Nacken-Bereich durchgeführt, legt man den Kopf in Mittelstellung. Ein flaches Kissen unter der Stirn sorgt dafür, daß die Atmung nicht beeinträchtigt wird. Bei Frauen gibt man im Bereich des M. pectoralis major (vordere

Achselfalte) eine Unterstützung durch kleine Kissen, damit der Druck auf die Brustdrüsen nicht zu groß und schmerzhaft wird. Um eine Spitzfußstellung zu vermeiden, ist die Unterlagerung der Füße mit einer Rolle wichtig; evtl. können die Füße über das Bankende herabhängen.

1.2.2.3. Entspannte Seitenlage

Der Behandler muß versuchen, die Unterstützungsfläche zu vergrößern und somit dem Patienten die Haltearbeit abzunehmen. Deshalb legt man ein großes Kissen unter den Kopf und ein kleineres Kissen unter die Taille des Patienten. Die Arme liegen mit gebeugten Ellenbogen vor dem Körper. Das untere Bein liegt leicht angebeugt, das obere Bein stark angebeugt vor dem unteren auf der Unterlage, evtl. gibt der Behandler zur Unterstützung ein Kissen unter den Unterschenkel des oberen Beins.

1.2.2.4. Lagerung des Arms auf einem Armtisch

Sie ist nur möglich, wenn der Patient gut und bequem auf dem Stuhl sitzen kann. Die Höhe des Armtisches muß so gewählt werden, daß der Patient seinen Arm bei einer Abduktionsstellung von 45° im Schultergelenk auflegen kann, ohne daß die Schulter hochgeschoben wird. Mit Hilfe von Kissen kann man die Tischhöhe oder die Sitzhöhe des Patienten variieren, da die Armtische nicht verstellbar sind. Der Unterarm liegt proniert, bei Beugung im Ellenbogengelenk, auf dem Armtisch. Die Füße des Patienten stehen bei einer Beugestellung der Hüft- und Kniegelenke von 90° auf dem Boden oder auf einer Fußbank.
Steht kein Armtisch zur Verfügung, kann man den Arm des Patienten auch auf der Schmalseite einer hohen Massagebank lagern. Dabei gelten dieselben Regeln wie bei der Armtischlagerung.
Diese Ausgangsstellung eignet sich besonders für die Schultergürtel-Arm-Behandlung.

1.2.2.5. Sitzhaltung

Die Behandlung in Sitzhaltung soll nur ausnahmsweise durchgeführt werden, weil der Patient Haltearbeit leisten muß und seine Muskulatur nicht ausreichend entspannen kann. Patienten, die nicht auf dem Bauch liegen können, behandelt man in Seitenlage oder Rückenlage (Nackenbehandlung). Man erzielt damit einen größeren therapeutischen Effekt und schafft gleichzeitig günstigere Arbeitsbedingungen für den Behandler.

Beachte

- daß die gute Lagerung die Vorbedingung für einen Behandlungserfolg ist,
- daß diese angegebenen Lagerungen entsprechend den individuellen Bedingungen des Patienten verändert werden müssen.

Aufgaben

1. Trainieren Sie täglich die Hände!
2. Erklären Sie die einzelnen Punkte zur Überprüfung der Arbeitsweise des Behandlers!
3. Führen Sie verschiedene Lagerungen sachgemäß aus!
4. Stellen Sie Zusammenhänge zwischen sachgemäßer Lagerung und Entspannung des Patienten her!

2. Befunderhebung

2.1. Bedeutung und Zielstellung

Der Physiotherapeut arbeitet auch bei der Massagebehandlung nach ärztlicher Verordnung. Vor jeder Behandlungsserie hat er den Befund zu erheben. Ziel dieser Befunderhebung ist es, Gewebsveränderungen und aktuelle Reaktionen bzw. die Ansprechbarkeit der Gewebe festzustellen, da die Massage über die Gewebe auf das Krankheitsgeschehen einwirkt.
Die sich im Verlauf der Behandlung vollziehenden Befundveränderungen zwingen dazu, diese Befunderhebung nicht nur einmal vorzunehmen, sondern sie *vor jeder Behandlung* zu ergänzen und zu präzisieren. Die Bedeutung der Befunderhebung darf deshalb nicht unterschätzt werden.
Durch die Vielfalt der möglichen Reaktionen der Gewebe wird es immer dringender, technische Fehler der Massage möglichst von der ersten Behandlung an auszuschließen. Neben falscher Griffwahl oder Griffkombination ist eine falsche Reizintensität zu vermeiden.
Die momentane Empfindlichkeit hängt von der Konstitution und der Kondition des Patienten ab, deshalb muß man sich über diese Faktoren informieren. Besonders deutlich wird diese Forderung, wenn man sich mit den Reizgesetzen vertraut macht. Zu schwache Reize bleiben unter der individuellen Reizschwelle, lösen keine oder zu geringe Effekte aus und können sogar zur Verschlechterung des Zustandes führen! Zu starke Reize können paradoxe Wirkungen auslösen, d. h., die beabsichtigte Wirkung kehrt sich in ihr Gegenteil um. Auch hier kommt es zur Verschlechterung des objektiven und subjektiven Befindens.
Nur auf *richtig ausgewählte Reize* reagiert der Organismus als regulierendes System, das den Normalzustand für alle Gewebe, Organe und Organsysteme wieder herstellen will. Im Prozeß dieser Regulationsvorgänge wird der optimale Massagereiz immer mehr zum Maßstab für die Qualität der Tätigkeit des Physiotherapeuten.
Zu einer befundgerechten Massage zwingen uns heute außerdem die ökonomischen Forderungen unserer Zeit. Es gilt, auch als Physiotherapeut prophylaktisch wirksam zu werden. Aufgaben des Physiotherapeuten sind dabei u. a. Stabilisierung der Regelsysteme, Funktionsoptimierung und Erhöhung des Leistungsvermögens der Patienten.

Man unterscheidet den allgemeinen und den speziellen Befund. Zum **allgemeinen Befund** gehören das Erkennen der Konstitution (besonders des Reaktionstyps) und der Kondition.
Zum **speziellen Befund** gehört das Feststellen der Zustandsänderungen in den Deck- und Stützgeweben (Gewebsbefund). Zur Ermittlung dieser notwendigen Informationen kann sich der Physiotherapeut nur solcher Mittel und Methoden bedienen, die einfach und schnell anwendbar sind. Es sind die Beobachtung, die Befragung und die Palpation. Damit werden die wesentlichen Besonderheiten des Patienten erfaßt, von denen der individuelle, adäquate Massagereiz abhängig ist. Er aber ist Voraussetzung dafür, daß von Anfang an für die Einzelbehandlung und auch für die Behandlungsserie Über- und Unterdosierungen vermieden werden und damit effektive und optimale Ergebnisse gesichert werden können.

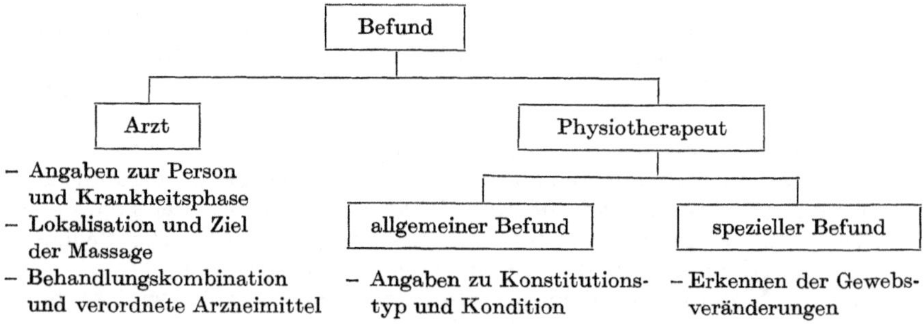

Die Ergebnisse der Befunderhebung durch den Physiotherapeuten werden in den Befundbogen eingetragen und in Kurzform in die Umrißkarte eingetragen (s. 2.4.).

2.2. Die Konstitution und ihre Ermittlung für den allgemeinen Befund des Patienten

Die Konstitution ist die Summe der vorwiegend angeborenen physischen und psychischen Eigenschaften des Menschen. Bewährt hat sich die Einteilung nach *Reaktionstypen*. Diese stehen im Zusammenhang mit der Kondition. Man unterscheidet den sympathikotonen und den parasympathikotonen Reaktionstyp (Tab. 1).

Beachte

- Der sympathikotone Reaktionstyp benötigt kurze, schwache Reize, kleine Intervalle und große Steigerungen.
- Der parasympathikotone Reaktionstyp braucht lange, kräftige Reize, große Intervalle und vorsichtige Steigerungen.

Tabelle 1 Eigenschaften der Konstitution und Reaktionsverhalten (Zusammengestellt nach Birkmeyer, Conrad, Kretschmer, Lampert, Sheldon, Winter)

	Sympathikoton	Parasympathikoton
Feststellung durch Beobachtung und Palpation		
Körperbau	schmal, schlank	untersetzt
Haare	trocken, glanzlos	weich, glänzend
Körperbehaarung	schwach ausgeprägt	gut ausgeprägt
Gesicht	blaß, angespannt	durchblutet, weich
Haut	blaß, trocken	durchblutet, feucht
Dermographismus	gesteigert	verzögert
Oberflächenrelief	wenig Unterhaut-fettgewebe	mehr Unterhautfettgewebe
Muskulatur	Tonus erhöht	Tonus erniedrigt
Extremitäten	kühl, gespannt	warm, gelöst
Nägel	brüchig	elastisch
Schleimhaut	Mund trocken	Mund feucht
Kreislauf	Pulsfrequenz beschleunigt	verlangsamt
Atmung	Frequenz erhöht	erniedrigt
Gewebsveränderungen	stark ausgeprägt	wenig ausgeprägt
Feststellung durch Befragung		
Erregbarkeit	stark	schwach
Bewegungsdrang	stark	schwach
Wärmeempfindlichkeit	ja	nein
Kälteempfindlichkeit	nein	ja
Schweißneigung	stark	gering
Ermüdbarkeit	rasch	langsam
Schlafdauer	kurz	lang
Erholungsfähigkeit	rasch	langsam

2.3. Die Kondition und ihre Ermittlung für den allgemeinen Befund des Patienten

Für die richtige Dosierung der Massage ist es notwendig, daß sich der Physiotherapeut durch Befragung und Beobachtung einen Überblick über den momentanen Leistungsstand des Patienten verschafft. Je schlechter die Kondition des Patienten ist, um so geringer darf die Belastung sein. Dabei sind die therapeutischen Schlußfolgerungen der Konstitutionsermittlung als Ausgangswert zu betrachten!

Beachte

- Sehr gute und gute Kondition – Schlußfolgerungen für die Therapie bleiben unverändert nach Reaktionstyp.
- Mittelmäßige und schlechte Kondition – Schlußfolgerungen nach Reaktions typ müssen abgeschwächt werden.

2.4. Zustandsänderungen in den Geweben und ihre Ermittlung für den speziellen Befund des Patienten

Die Beurteilung der Deck- und Stützgewebe ist für die Massage besonders wichtig, da diese Gewebe zugleich Angriffsort der therapeutischen Maßnahmen sind. Deshalb werden die *einzelnen Gewebe gesondert geprüft* und die Ergebnisse im speziellen Befund (Gewebsbefund) zusammengefaßt. Die Zustandsänderungen (Gewebsregulation, Störfelder, Krankheitszeichen oder -phänomene) sind sowohl bedingt durch Störungen segmentgekoppelter Organe sowie örtlich umschriebener Krankheitsprozesse der Körperdecke selbst. Sie können sich in der Haut, den Schichten des Bindegewebes, der Muskulatur oder dem Periost darstellen.
Die Haut und das Bindegewebe prüft man am sitzenden, das Periost am liegenden Patienten; die Muskulatur sowohl im Liegen wie im Sitzen.
Die Ergebnisse der Gewebsprüfung werden mit dem Anfangsbuchstaben der festgestellten Gewebsveränderung in die Umrißkarte an der entsprechenden Stelle eingezeichnet.
Vorschlag für diese Dokumentation:

- Blau = Hautveränderungen – H
- Gelb = Bindegewebsveränderungen – B
- Rot = Muskelveränderungen – M
- Braun = Periostveränderungen – P

2.4.1. Zustandsänderungen der Haut

Zustandsänderungen der Haut äußern sich als veränderte Berührungsempfindlichkeit, erhöhte Schmerzhaftigkeit, Spannungsvermehrung und Änderung der vegetativen Reaktionen.
Hyperästhesie und Hyperalgesie sind Kennzeichen der Headschen Zone. Innerhalb dieser Zonen gibt es umschriebene Bezirke mit maximaler Schmerzempfindung.

Hyperästhesie. Mit einem Wattebausch oder mit einer Fingerbeere streicht man ohne Druck oder Zug von kaudal nach kranial und im Segmentverlauf über die Haut. Es kommt zu einer *Überempfindlichkeitsreaktion* des Patienten (es ist ihm „unangenehm").
Eintragung: „Ä" in blauer Farbe.

Hyperalgesie. Mit stumpfer Nadel leicht von kaudal nach kranial und im Segmentverlauf im schnellen Tempo über die Haut streichen.
Es kommt zu *Schmerzempfindungen* beim Patienten (heller Schmerz mit Lokalisationsangabe).
Eintragung: „A" in blauer Farbe.

Vasomotorische Strichreaktion (Dermographismus). Mit Fingerbeere, Stift oder stumpfer Nadel von kaudal nach kranial und im Segmentverlauf über

das Gewebe streichen. Es kommt unter der Strichführung zum beschleunigten oder übermäßigen *Nachröten* oder zu einem *weißen Streifen* mit rotem Saum. Unter besonders akuten Bedingungen kann die Reaktion bis zur Quaddelbildung gehen.
Eintragung: „D“ in blauer Farbe.

Spannungsvermehrungen. Fingerbeere mit leichtem Druck von kaudal nach kranial und im Segmentverlauf über die Haut ziehen.
Die Finger *rutschen* ab oder *bleiben* im Gewebe *stecken*.
Eintragung: „S“ in blauer Farbe.

2.4.2. Zustandsänderungen des Bindegewebes

Die Veränderungen im interstitiellen Bindegewebe sind *sicht- und tastbar*. Sie liegen in der Verschiebeschicht Kutis zur Subkutis und Subkutis zur Faszie. Der Patient empfindet sie nicht schmerzhaft, erst durch die charakteristische Technik des Zugreizes werden sie als „Ritzen“ oder „Schneiden“ spürbar (s. Abschn. 5.4.).
Bei der Prüfung auf Veränderungen im Bindegewebe wird mit den Fingern die *Verschieblichkeit* der einzelnen Bindegewebsschichten, die jedoch nicht streng gegeneinander abgegrenzt sind, festgestellt. Bei Erkrankungen der inneren Organe und Organsysteme ist sie herabgesetzt oder fehlt ganz. Man spricht von erhöhter Spannung, Verhaftung oder von *Bindegewebszone* – in Anlehnung an Haut- und Muskelzonen. Der Behandler hat das Empfinden, als ob ein Widerstand im Gewebe ist.

Hautnahe Bindegewebszonen. Bei akuten, evtl. subakuten Erkrankungen, bei Säuglingen und Kindern etwa bis zur Pubertät (Muskelrelief ist noch nicht ganz ausgebildet), bei peripheren Lähmungen, bei Zervikal- und Lumbalsyndrom an den Extremitäten und bei chronischer Polyarthritis werden sog. hautnahe oder oberflächliche Bindegewebszonen *zwischen Kutis und Subkutis* gefunden. Sie sind *nur tastbar*. Das Gewebe krisselt sich vor dem ziehenden Finger wie Seidenpapier oder wird als „Rauhigkeit“ empfunden.
Die *Feststellung* der hautnahen Bindegewebszonen erfolgt mit dem paravertebralen Längsgang (s. Abschn. 5.4.). Der Patient sitzt auf einem Hocker, der Behandler sitzt oder steht hinter ihm und arbeitet mit der gleichseitigen Hand. Ist eine Bindegewebszone vorhanden (z. B. Leber-Gallen-Zone), wird der Längsgang abgebrochen. Der Patient empfindet ein feines Ritzen. Die hautnahen Bindegewebszonen verschwinden im Verlauf einer Behandlungsserie.

Beachte

- nicht in tiefere Gewebsschichten kommen,
- Zugreiz beibehalten, nicht streichen.

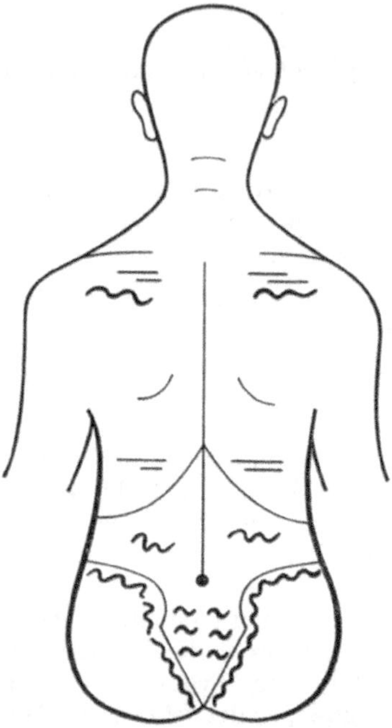

Abb. 1 Flächiges Verschieben (Wellenlinie) und Hautfaltenmethode (Parallelstriche), schematisch

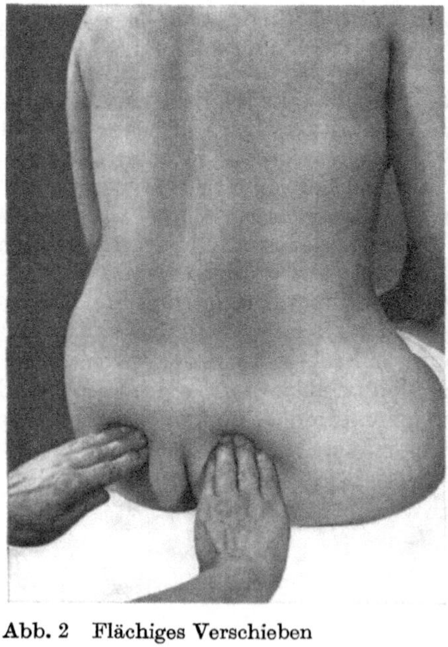

Abb. 2 Flächiges Verschieben

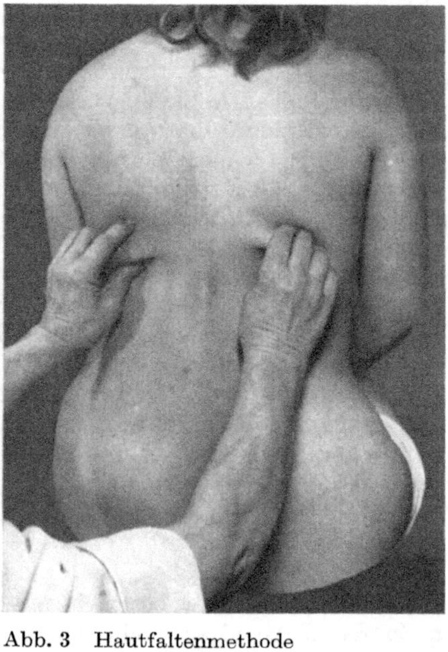

Abb. 3 Hautfaltenmethode

Fasziennahe Bindegewebszonen. Bei chronischen Erkrankungen und funktionellen Störungen findet man zwischen Subkutis und Faszie *sicht- und tastbare, flächige und bandförmige Einziehungen und Eindellungen,* die als fasziennahe oder tiefliegende Bindegewebszonen bezeichnet werden. Sie sind vor allem am Rücken tastbar und verändern sichtbar das Rückenrelief. In den Randgebieten der Einziehungen kommt es in der Regel zu Quellungen, die mechanisch nicht auszudrücken sind. Bei der Feststellung der Bindegewebszonen sei hier bereits darauf verwiesen, daß der Physiotherapeut keine diagnostischen Rückschlüsse auf ein akutes Geschehen oder eine chronische Erkrankung ziehen darf.
Die fasziennahen Bindegewebszonen werden durch flächiges Verschieben oder mit der Hautfaltenmethode ertastet.
Das *flächige Verschieben* (Abb. 1, Wellenlinie, und 2) erfolgt fasziennah (s. Abschn. 5.3.) ohne Druck und ohne Schneideempfinden immer an 2 sich parallel entsprechenden Stellen. Es wird mit beiden Händen gleichzeitig gearbeitet, um Seitendifferenzen bzw. Segmentdifferenzen festzustellen. Das Verschieben erfolgt rechtwinklig gegen den Knochenrand. Es wird analfaltennah begonnen. Die Finger werden so weit vom Knochenrand entfernt aufgesetzt, daß das Verschieben an den Rand möglich ist (Verschiebungsgrenze). Dieser „Weg“ kann je nach Gewebsspannung sehr kurz sein – Millimeter, aber auch Zentimeter betragen.
Reihenfolge: Kreuzbeinrand, Iliosakralgelenk, Darmbeinkamm, auf dem Kreuzbein, gegen den unteren Rippenbogen, auf dem hinteren Thorax, auf den Schulterblättern. Dabei tastet man alle Zonen nach, die im Schema angegeben sind.
Bei der *Hautfaltenmethode* (Abb. 1, Parallelstriche, und 3) wird eine Hautfalte zwischen Daumen und Fingern gefaßt und elastisch abgezogen.

2.4.3. Zustandsänderungen der Muskulatur

Zustandsänderungen in der Muskulatur ergeben sich durch segmentalreflektorische Einflüsse aus den verschiedenen Anteilen der zugeordneten Organe und Gewebe, durch eigenständige Krankheitsprozesse des Muskelgewebes selbst sowie durch Störungseinflüsse aus höhergelegenen Nervenzentren. Die Zustandsänderungen zeigen sich als Änderung des Tonus, der Spannung, der Konsistenz, der Erregbarkeit gegenüber Berührung und der Schmerzempfindung auf Durchtasten und Dehnung.
Reflektorische Spannungsänderungen werden als „Mackenzie-Zonen“ bezeichnet, benannt nach dem Neurologen Mackenzie.

Tonusänderung

Die Prüfung erfolgt im Seitenvergleich durch Palpation mit senkrecht zum Faserverlauf aufgesetzten gestreckten Fingern oder dem Daumen.
Festzustellen ist eine *Abschwächung* oder *Erhöhung* des Tonus.
Eintragung: „T“ in roter Farbe.

Spannungsänderung

Die Prüfung erfolgt durch tangentiale Dehnung oder durch direkte Palpation.
Festzustellen ist der *Hartspann*. Dieser kann den Muskel insgesamt oder nur einzelne Faserbündel betreffen.
Eintragung: „S“ in roter Farbe.

Konsistenz

Prüfen von geweblichen Unterschieden mit den Fingerbeeren. Festzustellen sind *Myogelosen* oder *teigige Beschaffenheit*.
Eintragung: „K“ in roter Farbe.

Erregbarkeit gegenüber Berührung

Die Prüfung erfolgt durch kurzes Antippen mit der Fingerkuppe. Auszulösen sind *umschriebene Kontraktionen* (entsprechend den von Mackenzie erfaßten reflektorischen Muskelzonen), nicht zu verwechseln mit der umschriebenen, nicht schmerzhaften knötchenförmigen Muskelhärte, der sog. Myogelose.
Eintragung: „B“ in roter Farbe.

Erhöhte Schmerzempfindung

Die Prüfung erfolgt durch tangentiale Dehnung oder durch direkte Palpation.
Festzustellen ist eine erhöhte Schmerzempfindung.
Eintragung: „Sch“ in roter Farbe.

2.4.4. Zustandsänderungen am Periost

Es zeigen sich Abweichungen der Oberflächenbeschaffenheit in Form von Auftreibungen oder Einziehungen (Dellen). Die Schmerzlokalisation läßt sich punktförmig in den sogenannten Maximalpunkten abgrenzen.

Oberflächenbeschaffenheit

Die Prüfung erfolgt durch ein diagnostisches Streichen mit der Fingerbeere über das zugängige Periost.
Festzustellen sind *Auftreibungen* oder *Einziehungen*.

Schmerzpunkte

Die Prüfung erfolgt wie auf Abbildung 59 dargestellt.
Festzustellen ist eine *erhöhte Schmerzhaftigkeit*.
Eintragung: „P“ in brauner Farbe.

Aufgaben

1. Warum und wann muß der Physiotherapeut den Konstitutions- bzw. Reaktionstyp einschätzen?
2. Erläutern Sie die praktische Ermittlung!
3. Welche Schlußfolgerungen ergeben sich für die Massageanwendung?
4. Warum ist eine Befunderhebung für die Massagebehandlung erforderlich?
5. Begründen Sie die Notwendigkeit der ständigen Präzisierung des Befundes!
6. Wodurch können Zustandsänderungen in den Geweben auftreten?
7. Charakterisieren Sie die Hautveränderungen!
8. Mit welchen Methoden können Zustandsänderungen in der Haut ermittelt werden?
9. Wie finden Sie eine Headsche Zone?
10. Wie notieren Sie die Hautbefunde Ihres Patienten?
11. Erheben Sie bei Ihrem Übungspartner einen Bindegewebsbefund, und zeichnen Sie die festgestellten Zonen in eine Umrißkarte ein.
12. Charakterisieren Sie die Zustandsänderung in der Muskulatur!
13. Wie ermitteln Sie Zustandsänderungen in der Muskulatur?
14. Wie notieren Sie den Muskelbefund des Patienten?
15. Welche Periostveränderungen sind für die Massage bedeutungsvoll?
16. Wie ermitteln Sie Periostveränderungen, und wie werden sie in der Umrißkarte notiert?

3. Die klassische Massage

Die klassische Massage umfaßt folgende Handgriffe:

- Streichungen
- Reibungen
- Hautverschiebungen
- Knetungen
- Zirkelungen
- Klopfungen – Klatschungen – Hackungen
- Schüttelungen
- Erschütterungen
- manuelle Vibrationen
- intermittierende Drückungen.

Die im Kapitel „Klassische Massage“ beschriebenen Griffe können nicht als vollständig betrachtet werden. Sie stellen vielmehr eine allgemeine Grundlage dar, auf deren Basis kombiniert und variiert werden kann. Für den Lernenden ist es allerdings notwendig, sich längere Zeit an die Grundformen zu halten, um sein Können, seine Tastfähigkeit und sein Einfühlungsvermögen zu festigen und zu vervollkommnen. Abwandlungen der erlernten Technik durch den Lernenden führen zur Oberflächlichkeit und verringern somit die Wirksamkeit der Massage.
Die Wertung der einzelnen Massagegriffe und ihre Technik sind in den einzelnen Massageschulen z. T. recht unterschiedlich. Ausschlaggebend erscheint es, mit der angewendeten Grifftechnik das Behandlungsziel zu erreichen. Dazu ist es von Bedeutung, daß der Behandler „klare Vorstellungen über die physiologische Wirkung der gelehrten Massagegriffe und deren richtige Anwendung unter den jeweiligen therapeutischen Gesichtspunkten hat“. Zum Erlernen von Massagegriffen sind Beschreibungen ebenso wenig ausreichend wie Abbildungen, selbst wenn diese als Serienabbildungen möglichst viele Phasen einer Griffolge zur Darstellung bringen. Im vorliegenden Lehrbuch erfolgt eine Auswahl von Abbildungen, die für den Lernenden von besonderer Bedeutung sind.

Beachte

- Massieren kann man nicht aus Büchern erlernen, es bedarf der persönlichen Anleitung und Korrektur durch einen erfahrenen Lehrer.

3.1. Streichungen

Die Technik richtet sich nach der Zielstellung. Die Streichungen werden nach der Größe der zu behandelnden Körperoberfläche mit einer Hand oder beiden Händen vorgenommen.

Beachte

- daß die Hände der Körperoberfläche völlig anliegen, also kein Zwischenraum zwischen Hand und Haut entsteht.

Die Hände sind bei der Ausführung leicht dorsalextendiert. Der Druck für großflächige Streichungen wird durch Gewichtsverlagerung vom Rumpf auf die Arme übertragen, dabei geben die Hände den Druck gleichmäßig verteilt auf den Patienten weiter. Nur bei dehnenden Streichungen wird der Druck mittels der Finger ausgeübt. In den folgenden Ausführungen nehmen die Streichungen einen breiten Raum ein, der nicht der Wertigkeit dieses Handgriffs innerhalb der Massage entspricht. Diese Notwendigkeit ergibt sich aus der Tatsache, daß die Streichungen an den jeweiligen Körperteilen anders ausgeführt werden. Es wird mit der Ausführlichkeit den Forderungen des Lernenden Rechnung getragen.

3.1.1. Einteilung der Streichungen

3.1.1.1. Flächige Streichungen

Die einleitende Streichung. Sie wird zu Beginn einer Massagebehandlung angewendet und stellt den ersten Kontakt zwischen Behandler und Patient her. Durch ihre leicht hyperämisierende, erwärmende Wirkung wird der Patient in positiver Weise auf die Massage eingestimmt.

Die beruhigende Streichung. Sie kommt zwischen den einzelnen Massagegriffen, besonders bei stark reizenden Griffen, und am Ende der Behandlung zur Anwendung. Alle Streichungen können beruhigend wirken, wenn sie mit geringem Druck und langsamem Tempo ausgeführt werden.

Die entstauende Streichung. Sie wird an den Extremitäten mit einer leichten Hochlagerung verbunden. Durch starken Druck und langsames Tempo soll eine Entleerung oberflächlicher Venen und Lymphgefäße erzielt werden. Die Ausführungsrichtung an den Extremitäten ist zentripetal. Dabei arbeitet man abschnittsweise – zuerst proximal, danach distal –, um Stauungen in den Abflußwegen zu beseitigen. Am Körperstamm führt man entstauende Streichungen im Verlauf der Venen und Lymphgefäße durch.

3.1.1.2. Dehnende Streichungen

Mit Hilfe der dehnenden Streichung will man einzelne Gewebe intensiver auf nachfolgende Massagegriffe vorbereiten. Man überträgt den Druck über die gestreckten 2.–4. Finger auf das Gewebe. Es wird ein Dehnreiz auf die Haut, das Unterhautbindegewebe, die Muskelränder, die Sehnen und die Bänder ausgeübt, außerdem wird eine gute Hyperämie erreicht. Durch veränderten Stellungswinkel der Finger zum Gewebe (flach oder steil) und somit unterschiedliche Druckintensität, können verschieden tiefe Gewebsschichten behandelt werden. Gewebsveränderungen erfordern ein leichteres Arbeiten. Es soll niemals ein Schneideempfinden auftreten, evtl. muß zuerst abgesetzt gearbeitet werden, bevor man durchgängig streichen kann. Die nichtarbeitende Hand kann das Gewebe gegenhalten.

3.1.2. Durchführung der Streichungen

Für den Lernenden ist es zweckmäßig, Streichungen zuerst an einer großen, gleichmäßigen Körperfläche, dem Rücken, zu üben.

3.1.2.1. Streichungen an der Dorsalseite des Körperstammes

Der Patient befindet sich in Bauchlage. Der Behandler steht in Schrittstellung neben der Bank.

Die Längsstreichung (Abb. 4). Die Streichung beginnt am Becken. Die Hände des Behandlers liegen mit geschlossenen Fingern und angelegten Daumen rechts und links parallel zur Wirbelsäule. Durch Gewichtsverlagerung auf das vordere Bein werden die Hände mit Fingerspitzenführung nach kranial bis über den 7. Halswirbel geführt. Es folgt unter Abspreizung des Daumens die Streichung im Gabelgriff rechts und links über den M. trapezius (Schulterbegrenzung) bis zu den Akromien. Von dort streichen die Hände bei Rückverlagerung des Gewichts auf das hintere Bein seitlich am Rücken nach kaudal zurück.

Der „Plättgriff" (Abb. 5). Die Hände werden stark volarflektiert und mit den Handrücken und den Fingern wird mit leichtem Druck rechts und links neben der Wirbelsäule vom Becken über den Rücken nach kranial gestrichen. In Höhe des 7. Halswirbels erfolgt das Umdrehen der Hände, das Zurückstreichen wird wie oben beschrieben ausgeführt.
Der „Plättbegriff" kann in der Form verändert werden:
Beide Hände streichen rechts und links neben der Wirbelsäule bis zur Pars ascendens des M. trapezius und in deren Verlaufsrichtung zu den Akromien. Nach dem Umdrehen der Hände streichen die Handflächen in derselben Richtung zurück.

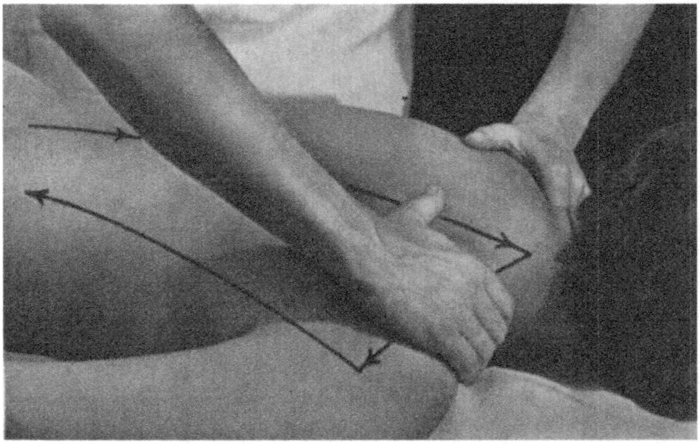

Abb. 4
Längsstreichung

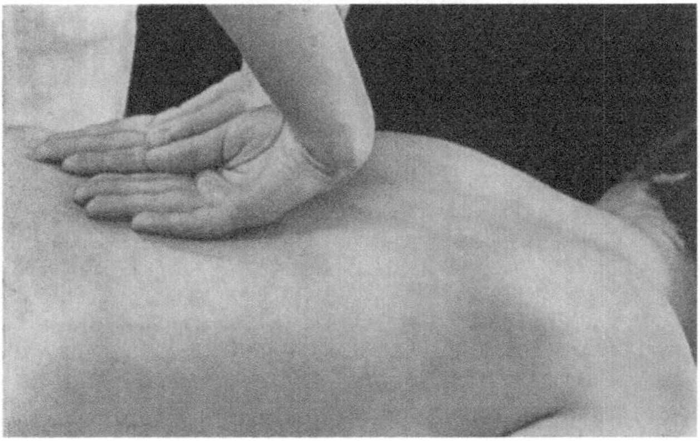

Abb. 5
Plättgriff

Die kreisförmige Streichung. Die Hände streichen im „Plättgriff“ von kaudal nach kranial bis zum 7. Halswirbel, wo das Umdrehen der Hände erfolgt. Mit geschlossenen Fingern und angelegten Daumen werden die Handflächen rechts und links neben der Wirbelsäule bis in Höhe des unteren Schulterblattwinkels zurückgeführt. Unter Fingerspitzenführung streichen die Hände nach außen und kreisförmig um die Schulterblätter herum, bis sie wieder die Wirbelsäule erreichen. Sie werden weiter nach kaudal geführt und streichen dabei ebenfalls kreisförmig um den unteren Brustkorbrand und den Lendenteil.

Die Parallelstreichung oder Querstreichung. Der Behandler steht in leichter Grätschstellung neben der Bank. Die Hände werden über dem Kreuzbein parallel zum Beckenkamm angelegt. Bei gleichzeitiger Führung von kaudal

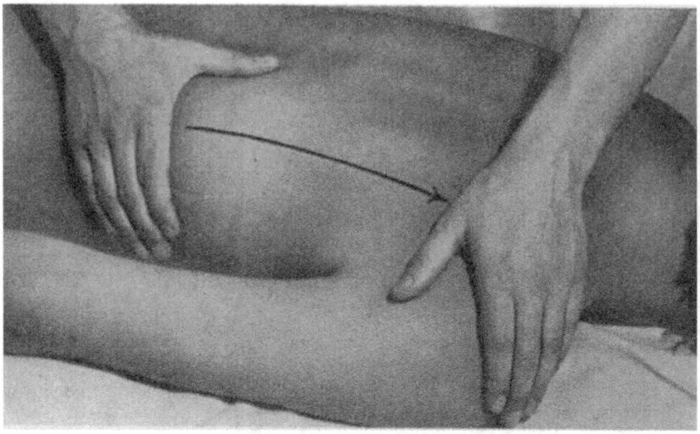

Abb. 6
Flankenstreichung

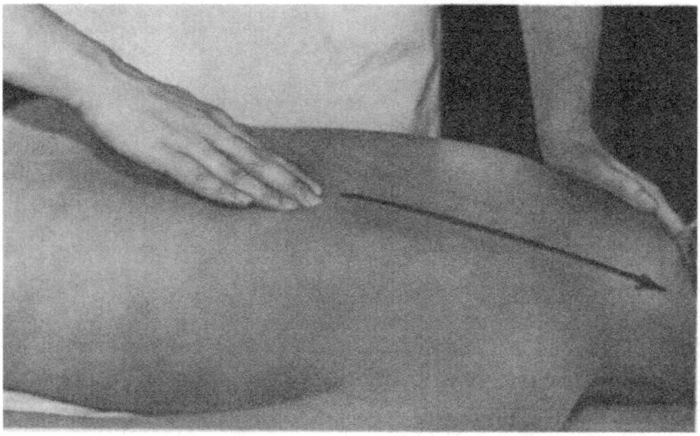

Abb. 7
Dehnende Streichung am M. erector spinae

nach kranial werden die Hände von einer Körperseite zur anderen aneinander vorbeigeschoben. Bei dieser Streichung kommt es darauf an, daß die Finger geschlossen und die Daumen angelegt bleiben und sich die Hände gut der jeweiligen Formveränderung des Rückens anpassen.

Die Flankenstreichung (Abb. 6). Sie wird einseitig ausgeführt. Die Hand des Behandlers wird unter weiter Abspreizung des Daumens (Gabelgriff) vom Beckenkamm über das Schulterblatt bis zum Akromion geführt. Bei dieser Streichung arbeitet der Behandler stets auf der Gegenseite.
Die Flankenstreichung kann so abgewandelt werden, daß man die Hand noch mehr lateral ansetzt und mit kräftigem Druck bis in die Achselhöhle streicht. Dabei muß der Arm des Patienten stärker abduziert sein.

Die Streichung im Gabelgriff am Gesäß. Eine Hand des Behandlers liegt kranial des Beckenkamms, die andere Hand kaudal der Gesäßfalte. Beide Hände

befinden sich im Gabelgriff. Die Daumen liegen medial, parallel zur Analfalte, die Finger lateral. Die kranial gelegene Hand beginnt mit einer kräftigen Streichung über den M. glutaeus maximus bis zur Gesäßfalte. Von hier streicht sie drucklos zum Beckenkamm zurück, während ihr die kaudale Hand mit kräftigem Druck folgt. Unter diesem ständigen Wechsel wird die Streichung mehrmals hintereinander ausgeführt.
Man kann das Gesäß auch kreisförmig streichen.

Die dehnende Streichung am M. erector spinae (Abb. 7). Der Behandler steht in Schrittstellung, er legt die Hand mit den Fingerkuppen in Bewegungsrichtung kaudal auf den Muskel. Die Hand bildet die Verlängerung des Unterarms, das Ellenbogengelenk ist leicht gebeugt. Unter Vorverlagerung des Körpergewichtes werden die Finger mit Druck durch das Gewebe geschoben.

3.1.2.2. Streichungen am Bein

Leichte Grätschstellung des Behandlers neben der Bank. Diese Streichungen erfordern eine größere Beweglichkeit und Anpassungsfähigkeit der Hände. Der Patient befindet sich in Rückenlage.

Die Längsstreichung. Beide Hände des Behandlers liegen hintereinander auf dem Fußrücken, die Finger zeigen nach medial, die Daumen sind abgespreizt. Die Streichung verläuft von distal nach proximal. Die proximal liegende Hand setzt mit der Bewegung ein, dabei wird zuerst der Daumen unter dem Malleolus fibularis entlanggeführt. Gleichzeitig gleitet die distal liegende Hand nach medial, und die Finger streichen unter dem Malleolus tibialis entlang. Danach werden die Hände hintereinander bis zum Knie geführt. Die proximal liegende Hand streicht lateral, die distal liegende medial am Kniegelenk vorbei, um anschließend wieder hintereinander bis zum Trochanter major geführt zu werden.

Die Hand-über-Hand-Streichung (Abb. 8). Die Hände haben die Ausgangsstellung wie oben beschrieben. Die Hände streichen hintereinander von distal nach proximal, die proximal liegende Hand wird abgehoben und distal der distal liegende Hand aufgesetzt, die inzwischen weiter nach proximal gestrichen hat. Nach weiterem gemeinsamen Streichen löst sich die distal liegende Hand, um erneut distal der proximal liegenden Hand mit der Streichung zu beginnen. Unter diesem ständigen Wechsel werden die Hände bis zum Trochanter major geführt. Diese Streichung hat bei richtiger Ausführung eine besonders intensive entstauende Wirkung.

Die Wechselhandstreichung (Abb. 9). Die proximal liegende Hand befindet sich mit Handwurzelführung an der lateralen Seite des Beins, proximals vom Fußgelenk, die distal liegende Hand mit Fingerspitzenführung an der medialen Seite. Beide Hände streichen an den Beinseiten nach proximal, wo der

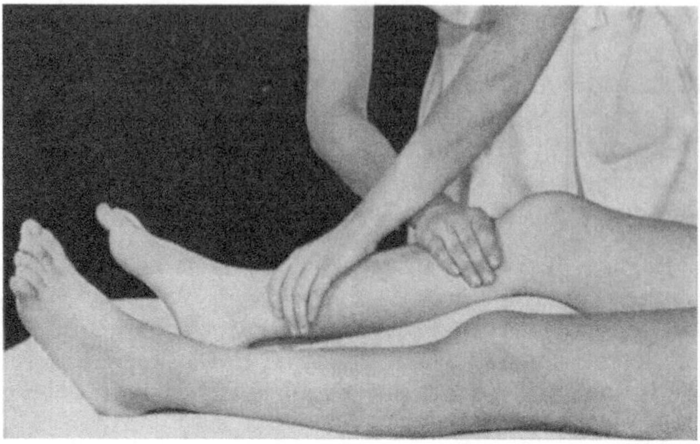

Abb. 8
Hand-über-Hand-Streichung

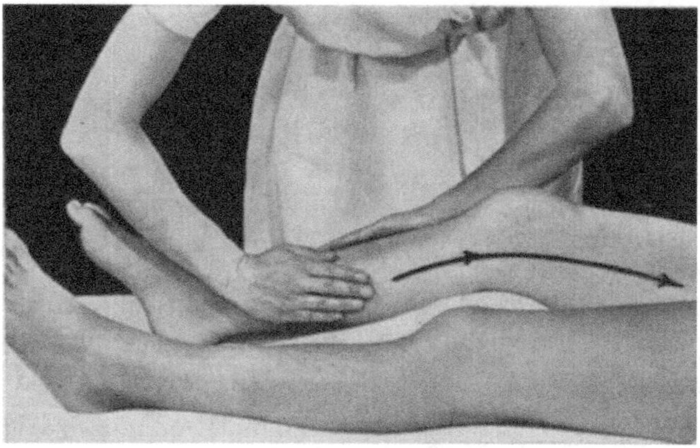

Abb. 9
Wechselhand-streichung

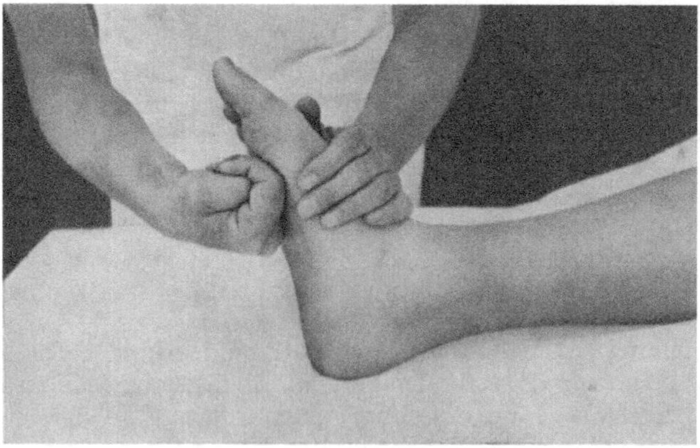

Abb. 10
Knöchelstreichung an der Fußsohle

Wechsel auf die andere Seite erfolgt. Die Rückstreichung wird von der proximal liegenden Hand unter Fingerspitzenführung an der medialen Seite, von der distal liegenden Hand unter Handwurzelführung an der lateralen Seite bis zur Fußspitze ausgeführt.

Die Streichung am Tractus iliotibialis mit den Knöcheln. Die Hand des Behandlers wird zur Faust geschlossen. Die Mittelgelenke der Finger werden distal am Oberschenkel auf den Tractus iliotibialis gesetzt und mit Druck nach proximal geführt. Die Intensität des Griffs richtet sich nach der Gewebebeschaffenheit.

Die Streichung der Beinrückseite. Bei der *Streichung mit angestelltem Bein* sitzt der Behandler auf der Massagebank distal des Fußes und verhindert somit dessen Wegrutschen. Die Hände werden nacheinander im Gabelgriff (geschlossene Finger, weit abgespreizte Daumen) über die Achillessehne geführt. Es folgt das Ausstreichen des M. gastrocnemius. In der Höhe der Kniekehle liegen die Hände nebeneinander und streichen an der Rückseite des Oberschenkels bis zur Gesäßfalte.
Bei der *Streichung mit gestrecktem Bein* steht der Behandler neben der Bank und hebt mit der proximal liegenden Hand von lateral das Knie des Patienten ein wenig an (Kniebeugung). Die distal liegende Hand streicht von medial im Gabelgriff über die Achillessehne und den M. gastrocnemius bis zur Kniekehle. Hier setzt die proximal liegende Hand von lateral in die Streichung ein, die wie oben beschrieben erfolgt.
Bei der *Streichung aus der Bauchlage des Patienten* werden die Hände des Behandlers im Gabelgriff von distal nach proximal bis zur Gesäßfalte geführt, dabei streichen sie am Unterschenkel hintereinander, am Oberschenkel nebeneinander.

Die Streichung des Fußes. Der Behandler steht in leichter Grätschstellung in Höhe des Fußes neben der Bank. Die Hände werden im Gabelgriff angelegt, dabei liegt eine Hand dorsal, die andere plantar. Unter Aufwendung von Druck werden die Hände nach proximal geführt.

Die Knöchelstreichung an der Fußsohle (Abb. 10). Grätschstellung des Behandlers neben der Bank. Mit der einen Hand fixiert er von dorsal den Fuß. Die andere Hand wird zur Faust geschlossen, indem sich die Finger um den oponierten Daumen legen. Die Mittelgelenke der Finger werden proximal der Zehen aufgesetzt und streichen mit kräftigem Druck über die Fußsohle zur Ferse.

Die Streichung der Fußränder mit Daumen und Zeigefinger. Der Behandler steht am Fußende der Bank. Er streicht mit Hilfe von Daumen und Zeigefinger den lateralen und den medialen Fußrand. Dabei ist der Zeigefinger im Grundgelenk gestreckt und im Mittel- und Endgelenk gebeugt, der Daumen ist adduziert und im Grund- und Endgelenk gestreckt. Die Mittelphalanx des Zeigefingers und die Daumenkuppe werden am distalen Ende des Fußrandes aufgesetzt und mit kräftigem Druck nach proximals geführt. Dabei fixiert die andere Hand jeweils den Fuß von lateral oder medial.

Die Streichung um die Knöchel. Der Behandler steht am Fußende der Bank. Er legt die Kuppen des 2.–4. Fingers beider Hände proximal der Knöchel von medial und lateral auf die Achillessehne. Die Finger sind in allen Gelenken gestreckt. Sie streichen von dorsal-distal kommend mehrmals um die Knöchel herum und werden abschließend parallel zur Tibiakante ein Stück nach proximal geführt. Diese Streichung kann auch rückläufig ausgeführt werden, d. h., die Finger streichen, von der Tibiakante kommend, emhrmals um die Knöchel und gleiten zum Abschluß entlang der Achillessehne nach proximal.

3.1.2.3. Streichungen am Arm

Streichungen an der Beugeseite des Arms (Abb. 11). Der Behandler umfaßt das Handgelenk des Patienten von dorsal und hebt den Arm an. Der Unterarm ist im Ellenbogengelenk leicht gebeugt und befindet sich in einer Mittelstellung zwischen Supination und Pronation. Mit der anderen Hand streicht der Behandler im Gabelgriff vom Handgelenk über die Beuger am Unterarm bis in Höhe des Epicondylus ulnaris. Von hier gleitet die Hand in die Ellenbeuge und streicht über die Beuger am Oberarm bis in die Achselhöhle.

Streichungen an der Streckseite des Arms (Abb. 12). Der Behandler umfaßt das Handgelenk des Patienten von volar und hebt den Arm an. Die arbeitende Hand streicht vom Handgelenk über die Strecker am Unterarm bis zum Epicondylus radialis, gleitet dann in Richtung Olekranon und streicht danach über den M. trizeps brachii und den M. deltoideus bis zum Akromion.

Die Streichung für die Dorsal- und Volarseite der Hand. Man beginnt mit der Streichung im Gabelgriff im Bereich der Fingergrundgelenke und führt sie bis zum Handgelenk aus.

Die Streichung der Finger und des Daumens. Die gestreckten Finger werden durch Fassung neben dem Nagelbett fixiert. Mit der anderen Hand streicht man die Finger von dorsal, lateral und volar von distal bis zu den Grundgelenken.

Die Streichung der „Schwimmhäute“. Der Behandler faßt mit beiden Händen die Hand des Patienten. Seine Finger liegen an der Volar-, die Daumen an der Dorsalseite. Mit den Daumenkuppen werden die Schwimmhäute ausgestrichen, dabei arbeiten die Daumen abwechselnd.

3.1.2.4. Streichungen am Bauch

Der Behandler steht in leichter Grätschstellung neben der Bank, an der rechten Seite des Patienten. Der Patient liegt auf dem Rücken, die Knie müssen hoch unterlagert sein, um die Dehnungsspannung der Bauchdecke zu verringern.

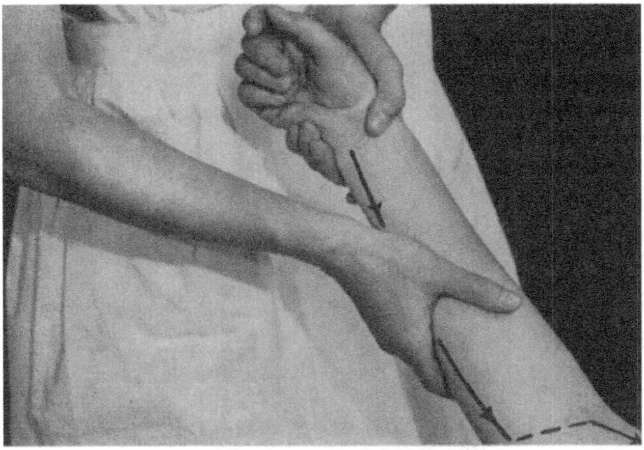

Abb. 11
Streichungen
an der Beugeseite
des Arms

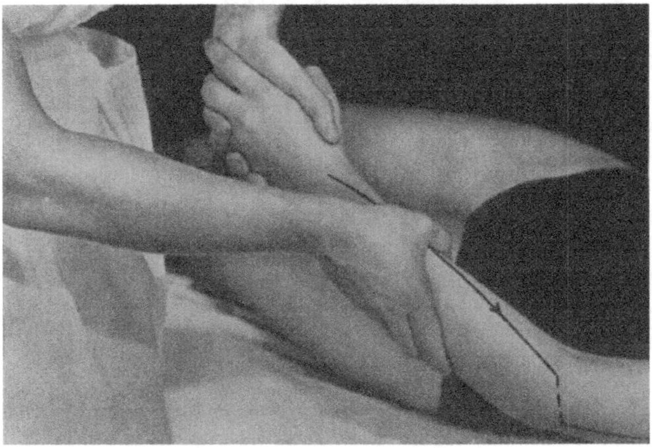

Abb. 12
Streichungen
an der Streckseite
des Arms

Die Dreieckstreichung. Die Streichung beginnt im „Plättgriff" (Abb. 13) mit einer Hand fingerbreit über der Symphyse und folgt dem Colon ascendens und Colon transversum. In Höhe der Flexura lienalis wird die Hand umgedreht und zieht mit der Handfläche in der Verlaufsrichtung des Colon descendens zur Symphyse zurück (Abb. 14).

Die kreisförmige Streichung. Sie wird mit der Handfläche ausgeführt und beginnt fingerbreit über der Symphyse. Die Streichung wird kreisförmig, etwa dem Kolonverlauf folgend, durchgeführt.

Die Querstreichung. Die Hände liegen flach, mit geschlossenen Fingern und angelegten Daumen auf dem Bauch, die eine Hand kranial, die andere Hand

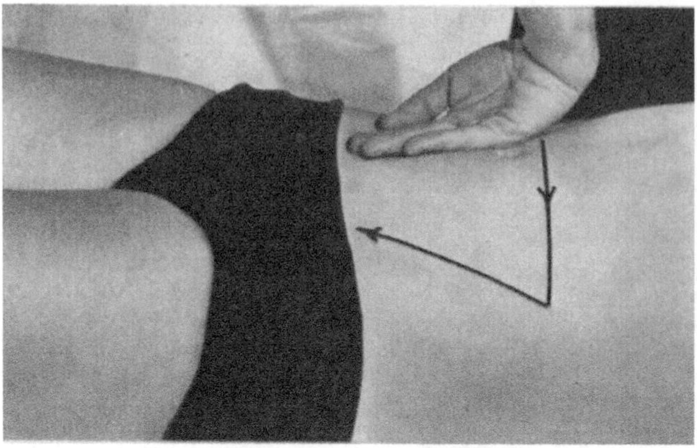

Abb. 13
Plättgriff

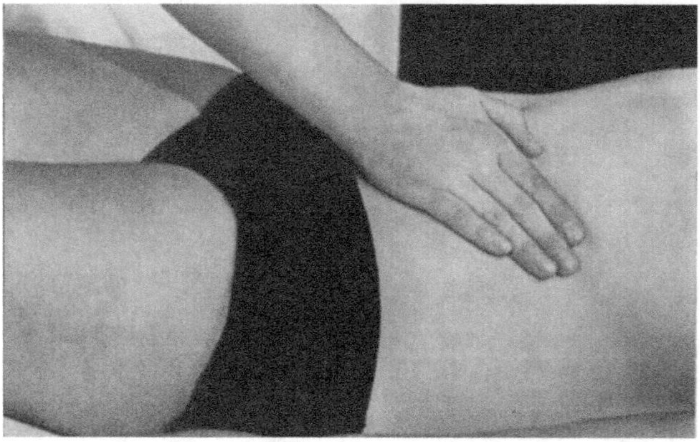

Abb. 14
Ziehen
der Handflächen
zur Symphyse

kaudal des Nabels. Die Hände werden unter guter Anpassung an die Bauchform wechselseitig aneinander vorbeigeführt.

3.1.2.5. Streichungen am Thorax

Die Streichung beginnt am Sternum. Die geschlossenen Finger beider Hände liegen hintereinander auf dem kaudalen Ende des Corpus sterni und beginnen dort mit der Streichung, die nach der Größe der Behandlungsfläche immer mehr mit der gesamten Hand ausgeführt wird. Die Streichung verläuft rechts und links über den M. pectoralis major bis zu den Akromien (Abb. 15), von dort wird zum Sternum zurückgestrichen. Es folgt die Ausstreichung der Rippenbögen (Abb. 16). Dabei werden die Hände mit Fingerspitzenführung rechts und links nach dorsal geführt und gleiten unter geringerem Druck nach medial zurück.

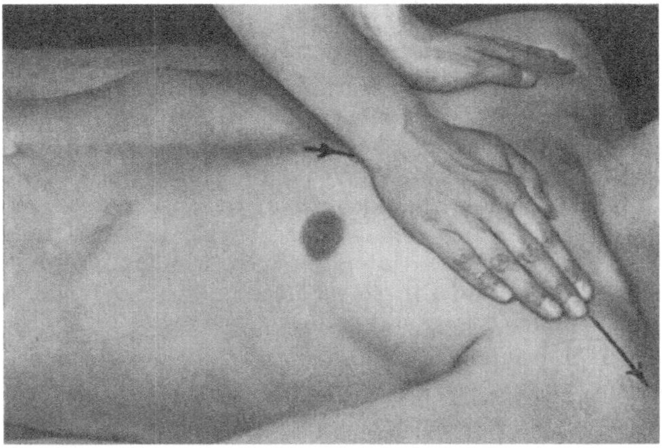

Abb. 15
Streichung vom M. pectoralis major zu den Akromien

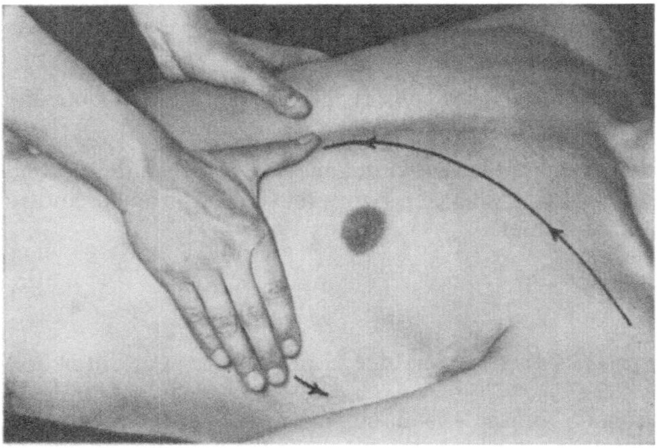

Abb. 16
Ausstreichung der Rippenbögen

Bei einer abgewandelten Form liegen die Finger hintereinander im „Plättgriff“ auf dem kaudalen Ende des Corpus sterni. Es erfolgt die Streichung rechts und links über den M. pectoralis major bis zu den Acromien. Hier werden die Hände umgedreht, und die Handflächen ziehen zum Sternum zurück. Die Ausstreichung der Rippenbögen erfolgt wie oben beschrieben.

Beachte

- Es ist zweckmäßig, alle Thoraxstreichungen atemrhythmisch durchzuführen, d. h., das Ausstreichen erfolgt mit größerem Druck während der Ausatmung, das Zurückstreichen mit geringerem Druck während der Einatmung.

3.1.2.6. Streichungen an Gesicht und Kopf

Die Streichung in drei Teilen über das Gesicht. Der Behandler sitzt am Kopfende der Bank und arbeitet mit den Fingern beider Hände. Die Finger werden an der Stirnmitte aufgesetzt (die Kleinfingerseiten liegen parallel zu den Augenbrauen) und streichen mit leichtem Druck nach rechts und links zu den Schläfen. Man beschreibt im Bereich der Schläfen einen kleinen Kreis und streicht ohne Druck über die Jochbögen zur Nasenwurzel. Von dort wird mit kräftigem Druck zu den Schläfen zurückgestrichen. Danach gleiten die Finger drucklos entlang des Unterkiefers bis zur Kinnmitte, die Zeigefinger oberhalb, die Mittel- und Ringfinger unterhalb des Kinns. Das Zurückstreichen zu den Schläfen erfolgt mit stärkerem Druck.

Die Streichung über den M. frontalis. Die Ausgangsstellung der Hände ist wie oben beschrieben. Die Finger streichen abwechselnd von den Augenbrauen zum Haaransatz.

Beachte

- daß betont langsam gearbeitet wird.

Streichungen mit beiden Händen in Gabelgriffstellung. Sie werden quer und parallel zum Scheitel durchgeführt.

Streichungen mit beiden Händen parallel zum Scheitel (am sitzenden Patienten). Sie verlaufen von der Stirn über den Kopf, den M. trapezius (Schulterbegrenzung) bis zu den Akromien.

Aufgaben

1. Nennen Sie die verschiedenen Arten der Streichungen und ihre Zielstellung!
2. Üben Sie Streichungen! Achten Sie dabei darauf, daß die Hände der Haut gut anliegen und sich der Körperform anpassen sollen!

3.2. Reibungen

Die Reibungen werden mit großem Druck und schnellem Tempo ausgeführt. Durch den intensiven mechanischen Reiz sollen eine bessere Durchblutung und eine Erwärmung des Gewebes erzielt werden. Reibungen kommen nur dann zur Anwendung, wenn das Gewebe des Patienten nicht gut durchwärmt ist. Sie entfallen, wenn eine erwärmende Maßnahme vor der Massage (z. B. Peloidpackung, ansteigendes Teilbad u. a.) bereits eine bessere Durchblutung erzielte. Es ist zweckmäßig, an Stelle von manuellen Reibungen eine Trockenbürstung oder Reibung mit einem Schwamm oder Frottiertuch vorzunehmen, da diese eine intensivere Wirkung haben.

Beachte

- daß Reibungen zu den Hautreizgriffen gehören und mit einer beruhigenden Streichung beendet werden müssen.

Die Querreibung am Rücken. Der Behandler steht in Grätschstellung neben der Bank. Die Hände werden mit großem Druck und schnellem Tempo aneinander vorbeigeführt und gleiten dabei gleichzeitig von kaudal nach kranial und nach kaudal zurück.

Die kreisende Bewegung am Rücken. Ausgangsstellung wie beschrieben. Der Behandler arbeitet mit einer Hand auf der Gegenseite des Rückens. Die Hand wird kaudal angelegt und unter Ziehen kleiner Kreise nach kranial und nach kaudal zurückgeführt.

Die Knöchelreibung am Rücken und Bein. Die Knöchelreibung wird besonders über langen, schmalen Muskeln ausgeführt, z. B. am M. erector spinae, am Tractus iliotibialis, dem M. tibialis anterior.
Der Behandler steht in Schrittstellung neben der Bank. Die arbeitende Hand wird zur Faust geschlossen und die Mittelphalanx des 2. und 3. Fingers am kaudalen bzw. distalen Ende des Muskels aufgesetzt. Unter Ziehen kleiner Kreise reiben die Knöchel schnell und kräftig von kaudal nach kranial bzw. von distal nach proximal und wieder zum Ausgangspunkt zurück.

Die Längsreibung an den Extremitäten. Der Behandler steht in Schrittstellung neben der Bank. Die Hände liegen mit geschlossenen Fingern und angelegten Daumen nebeneinander am distalen Ende der Extremität. Sie werden mit großem Druck und schnellem Tempo wechselseitig von distal nach proximal und nach distal zurückgeführt. Dabei kann abschnittweise gearbeitet werden, d. h., zuerst werden die Reibungen am Unterschenkel, danach am Oberschenkel ausgeführt.

3.3. Hautverschiebungen

Hautverschiebungen haben die Aufgabe, die Haut gegen die Unterhaut und die Unterhaut gegen die Muskelfaszie verschiebbar zu machen. Sie werden langsam ausgeführt, der Druck richtet sich nach dem Gewebszustand des Patienten. Bei starken Verklebungen wird wegen der großen Schmerzhaftigkeit zuerst mit geringem Druck gearbeitet. Mit dem Nachlassen der Verklebungen kann der Druck verstärkt werden.

Die rollende Hautverschiebung (Abb. 17). Diese Art der Hautverschiebung wirkt besonders intensiv. Nach der Ausführungsrichtung (von medial nach lateral und von kaudal nach kranial) steht der Behandler in Grätsch- oder Schrittstellung neben der Bank. Die Hautverschiebung wird mit den Daumen, den Zeige- und Mittelfingern ausgeführt. Der Behandler versucht, zwischen den Daumen und Fingern eine Hautfalte zu fassen. Durch lang-

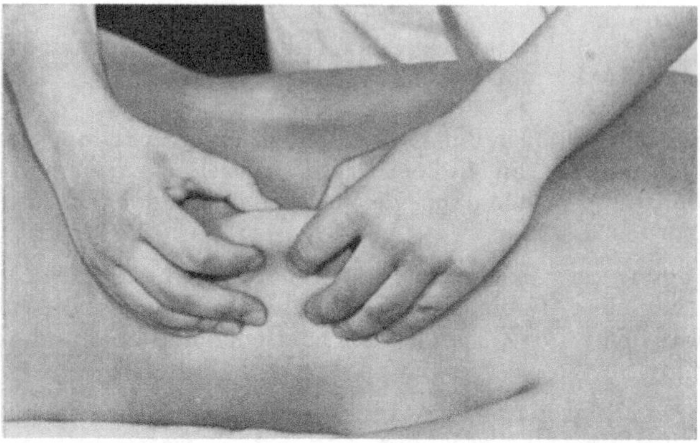

Abb. 17
Rollende
Hautverschiebung

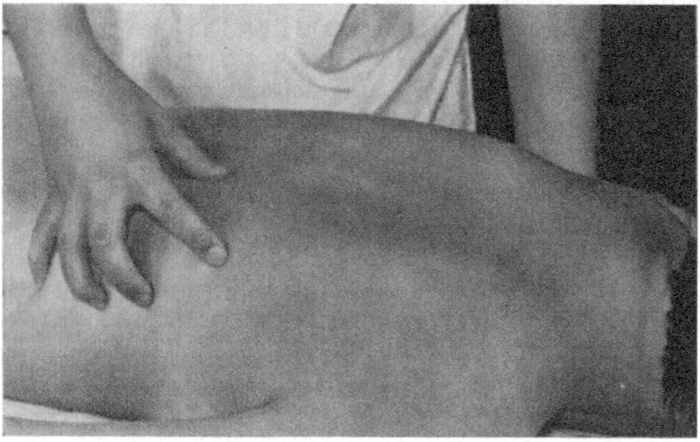

Abb. 18
Kreisende
Hautverschiebung

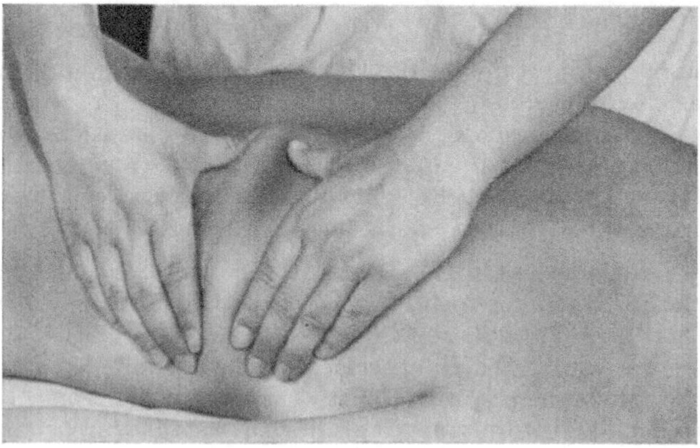

Abb. 19
Parallele
Hautverschiebung

sames „Vorwärtslaufen“ der Zeige- und Mittelfinger werden die Daumen unter Erhaltung der Hautfalte durch das Gewebe gezogen. Es muß darauf geachtet werden, daß sich nur eine Falte bildet. Die Bildung mehrerer Falten weist auf Verklebungen des Gewebes hin, und der Behandler muß versuchen, durch wiederholte Anwendung des Massagegriffs an dieser Stelle das Gewebe verschieblich zu machen.

Die kreisende Hautverschiebung (Abb. 18). Sie findet besonders an großen Körperflächen, z. B. dem Rücken, Anwendung. Der Behandler steht in Grätschstellung neben der Bank. Die Hand arbeitet auf der Gegenseite. Die Kuppen der weit abgespreizten, in allen Mittel- und Endgelenken gebeugten Finger und des abduzierten Daumens werden auf die Haut aufgesetzt. Die Finger beginnen das Gewebe kreisförmig zu verschieben, während die Daumen unbewegt als Stütze dienen. Es muß darauf geachtet werden, daß die Finger nicht verrutschen, sondern tatsächlich das einmal gefaßte Gewebe verschieben. Durch Versetzen der Hand von kaudal nach kranial wird der ganze Rücken durchgearbeitet.

Die parallele Hautverschiebung (Abb. 19). Dieser Griff eignet sich ebenfalls für große Körperflächen. Es ist zweckmäßig, ihn am Rücken zu üben. Der Behandler steht in Grätschstellung neben der Bank. Er arbeitet mit beiden Händen auf der Gegenseite. Die Hände werden mit geschlossenen Fingern und weit abgespreizten Daumen nebeneinander parallel zum Beckenkamm angelegt. Das Gewebe wird zwischen den Händen (Druck liegt besonders auf der Handgabel) zu einer Falte zusammengeschoben und weiter auseinandergezogen. Dabei gleiten die Hände gleichzeitig von kaudal nach kranial und nach kaudal zurück. Es ist außerdem möglich, das Gewebe im Faltenverlauf zu verschieben.
Über der Wirbelsäule wird der Griff so abgeändert, daß die Finger auf der einen Seite, die Daumen auf der anderen Seite neben der Wirbelsäule aufgesetzt werden und dann das Gewebe in der oben beschriebenen Weise verschieben.

Beachte

- daß sich bei der rollenden Hautverschiebung nur eine Hautfalte bildet,
- daß die Finger bei der kreisenden Hautverschiebung nicht im Gewebe rutschen,
- daß bei den parallelen Hautverschiebungen das Gewebe nicht zwischen den arbeitenden Händen gequetscht wird.

Aufgaben

1. Erklären Sie die Wirkungsweise der Reibungen und der Hautverschiebungen!
2. Üben Sie Reibungen, und kontrollieren Sie dabei die eigene Atmung!
3. Üben Sie die verschiedenen Arten der Hautverschiebungen!

3.4. Knetungen

Die Knetungen wirken besonders auf die Muskulatur und das Unterhautbindegewebe ein. Sie erzielen in der Tiefe eine verstärkte Hyperämie und verbessern den Abtransport von Stoffwechselprodukten (CO_2 und Milchsäure). Durch eine Bewegung der Muskeln quer zu ihrer Faserrichtung kann die Muskelfunktion verbessert werden. Die Knetungen sollen kräftig, aber nicht schmerzhaft sein. Die richtige Durchführung einer Knetung verlangt eine gute Massagetechnik, die nur durch intensives Üben erreicht werden kann.

3.4.1. Abhebende Knetung

Sie wird an Muskeln ausgeführt, die sich gut umfassen und von ihrer Unterlage abheben lassen, z. B. am M. gastrocnemius, am M. quadriceps femoris, an den Adduktoren des Oberschenkels, am M. biceps brachii, am M. triceps brachii u. a.
Je nach der Größe der Muskulatur wird die abhebende Knetung mit einer Hand, mit beiden Händen oder mit den Fingern durchgeführt. Dabei kann von der einen Form in die andere übergegangen werden, z. B. beim Übergang von der Muskelsehne zum Muskelbauch wechselt man von der Fingerknetung zu der Handknetung über.

Die abhebende Knetung mit einer Hand (beschrieben am M. gastrocnemius; Abb. 20). Der Patient liegt in Rückenlage, das Bein wird in Hüfte und Knie angebeugt und angestellt. Der Behandler sitzt distal vom Fuß auf der Massagebank. Die nichtarbeitende Hand liegt am Kniegelenk und verhindert eine Außenrotation des Oberschenkels. Die arbeitende Hand wird von medial um den M. gastrocnemius gelegt. Das Ellenbogengelenk ist leicht gebeugt, der Arm im Schultergelenk abduziert. Die Knetung verläuft in 4 Phasen. In der *1. Phase* wird der Muskel von den Fingern und dem Daumen so erfaßt, daß er sich aus seiner Umgebung abhebt und der Hohlhand einfügt. In der *2. Phase* erfolgt durch Supinationsstellung der arbeitenden Hand die Dehnung des Muskels quer zu seinem Faserverlauf, dabei dürfen die Finger nicht über die Haut gleiten. In der *3. Phase* wird durch Übergang der arbeitenden Hand aus der Supinations- in die Pronationsstellung der Muskel in die entgegengesetzte Richtung geschoben und ausgepreßt, dabei dürfen Daumen und Daumenballen nicht rutschen. In der *4. Phase* gleitet die Hand weiter, dabei erfolgt ein fließender Übergang in die 1. Phase. Es muß darauf geachtet werden, daß die Knetung weich ausgeführt wird, der Griff darf nicht kneifen oder reißen. Man erreicht das, indem immer die gesamte Volarfläche der Hand dem Muskel anliegt und eine Oppositionsbewegung des Daumens und Daumenballens zu den Fingern vermieden wird.

Die abhebende Knetung mit beiden Händen (beschrieben an den Adduktoren des Oberschenkels; Abb. 21). Durch Unterlagerung mit einer Knierolle bringt man das Bein des Patienten in eine leichte Beugestellung in Knie- und

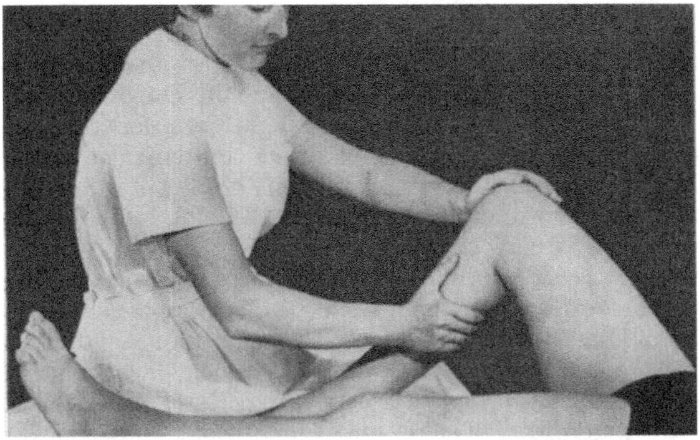

Abb. 20
Abhebende Knetung am M. gastrocnemicus

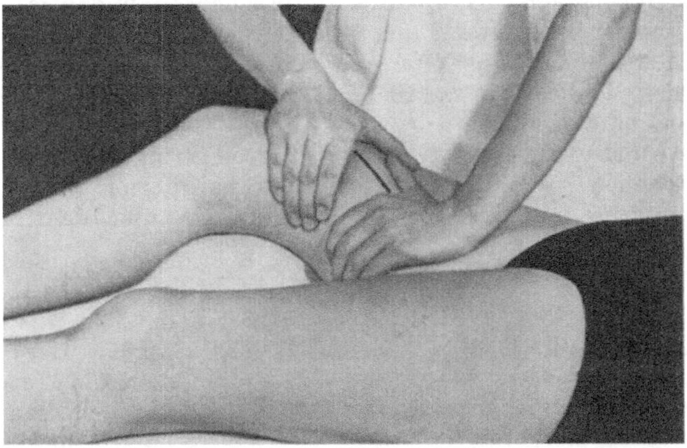

Abb. 21
Abhebende Knetung mit beiden Händen

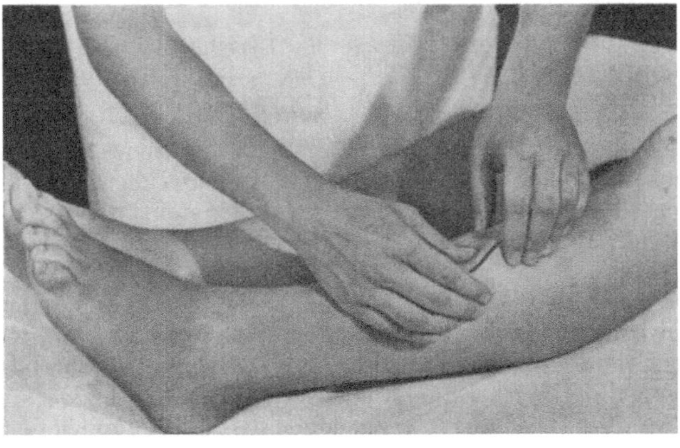

Abb. 22
Abhebende Knetung mit den Fingern

Hüftgelenk und in eine geringe Außenrotation. Der Behandler steht in Grätschstellung in Höhe des Oberschenkels neben der Bank. Die Hände werden im Gabelgriff auf die Adduktoren gelegt und durch Beugung der Finger- und Daumengelenke der Oberfläche gut angepaßt. Die Knetbewegung erfolgt ähnlich der Einhandknetung. Die Hände befinden sich nur jeweils in einer anderen Phase der Knetung. Während die eine Hand den Muskel abhebt und quer zu seinem Faserverlauf dehnt, preßt ihn die andere Hand aus und gleitet fließend weiter. Dadurch entsteht eine spiralförmige Bewegung, die dem Wringen vergleichbar ist.
Die abhebende Knetung mit den Fingern (beschrieben am M. tibialis anterior; Abb. 22). Der Patient liegt auf dem Rücken, seine Beine sind auf eine Knierolle gelagert. Der Behandler steht in Höhe der Unterschenkel des Patienten. Er arbeitet am gegenüberliegenden Bein. Die Daumen liegen parallel zur Tibiakante, die Zeige- und Mittelfinger am lateralen Rand des Muskels. Durch Anbeugen der Fingergrundgelenke und Oppositionsbewegung des Daumens wird der Muskel von seiner Unterlage abgehoben und gefaßt. Während der Daumen der einen Hand den Muskel wegdrückt, ziehen die Finger der anderen Hand den Muskel heran. So entsteht eine wellenförmige Knetbewegung, die den Muskel quer zu seinem Faserverlauf verschiebt. Die Knetung wird fortlaufend ausgeführt.
Die Knetung kommt an Muskeln zur Anwendung, die von geringem Umfang sind, sich aber gut abheben lassen, wie z. B. am M. tibialis anterior, am oberen Rand des M. trapezius und am Unterhautbindegewebe über dem M. erector spinae.

3.4.2. Flächige Knetung

An Muskeln, die nicht so gut abhebbar sind, wie z. B. der M. latissimus dorsi, muß die Knetung flächig ausgeführt werden. Der Bewegungsablauf der flächigen Knetung entspricht dem der abhebenden Knetung, nur kann der Muskel nicht so gut durchgearbeitet werden.
Für den *M. erector spinae*, der wegen seiner Lage und Form und wegen seiner vielen langen Sehnen nicht geknetet werden kann, hat sich aus der klinischen Erfahrung die folgende Abwandlung der Knetung entwickelt.

Die flächige Knetung mit den Fingern (Anknetung). Der Patient liegt auf dem Bauch, eine starke Lendenlordose wird durch Unterlagerung des Bauches mit einem flachen Kissen ausgeglichen. Der Behandler steht in Grätschstellung neben der Bank. Er arbeitet am medialen und lateralen Muskelrand.
Bei der *Anknetung am medialen Muskelrand* (Abb. 23) arbeitet der Behandler mit dem 3.–5. Finger beider Hände am M. erector spinae der Gegenseite. Die gestreckten Finger werden in der medialen Führungsrinne des Muskels neben den Dornfortsätzen der Wirbelsäule aufgesetzt, die Hände bilden die Verlängerung der Unterarme. Die Finger verschieben den Muskel auf seiner

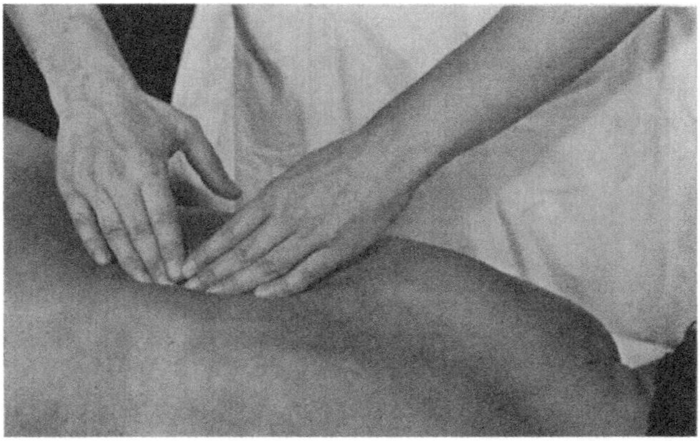

Abb. 23
Anknetung
am medialen
Muskelrand

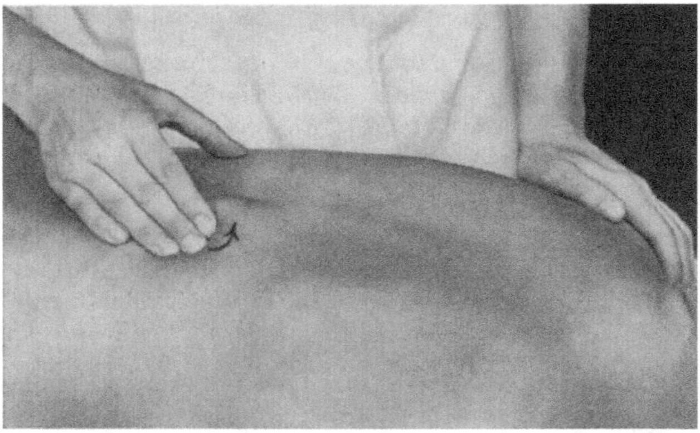

Abb. 24
Anknetung
am lateralen
Muskelrand

knöchernen Unterlage nach lateral. Unter Verringerung des Drucks, ohne den Kontakt zum Muskel zu verlieren, gleiten die Finger ein Stück weiter nach kranial, um den Muskel erneut zu verschieben. So wird der Muskel abschnittweise von kaudal nach kranial bearbeitet. Es ist günstig, die Anknetung in der Ausatemphase des Patienten vorzunehmen, da sich dann der Muskel wegen seiner verringerten Dehnungsspannung besser verschieben läßt.

Bei der *Anknetung am lateralen Muskelrand* (Abb. 24) arbeitet der Behandler am M. erector spinae der Gegenseite. Er legt seine Hand flach über der Wirbelsäule an, so daß die Fingerkuppen der 3.–5. Finger am lateralen Muskelrand liegen. Während man die Fingerspitzen unter den Muskelrand schiebt, wird der Muskel nach medial gezogen und abschnittweise nach kranial bearbeitet.

Beachte

- daß die Finger nicht im Gewebe rutschen, da sonst kein Dehn- und Verschiebeeffekt erzielt wird.

Die Anknetungen entsprechen in ihrer Wirkung den Knetungen.

Aufgaben

1. Erläutern Sie die Wirkungsweise der Knetungen!
2. Üben Sie alle Arten der Knetungen, und achten Sie dabei auf die richtige Kraftübertragung vom Rumpf über die Arme auf die Hände und auf eine ökonomische Körperhaltung an der Bank!

3.5. Zirkelungen

Die Zirkelungen dienen der gezielten Behandlung einzelner Muskelabschnitte. Sie können nur angewendet werden, wenn das oberflächliche Gewebe durch die Massage vorher aufgelockert wurde und gut durchblutet ist. Das Tempo ist langsam, der Druck richtet sich nach dem Gewebszustand und der Schmerzverträglichkeit des Patienten.

Die Handwurzelzirkelung. Man wendet sie bei schwer abhebbarer, flächiger Muskulatur an und kann sie gut am M. erector spinae üben. Die Ausführungsrichtung verläuft von kaudal nach kranial. Mit dem Daumenballen werden kreisförmige Bewegungen zur Knochenkante hin ausgeführt, die mit anschwellendem Druck immer mehr in die Tiefe des Gewebes gehen. Die kreisförmige Bewegung darf nicht zu groß ausgeführt werden, um nicht nur die Unterhaut gegen die Faszie zu verschieben. Man kann die Zirkelung statisch und fortlaufend ausführen. Bei der fortlaufenden Durchführung wird der Daumenballen unter Erhaltung des Hautkontakts drucklos ein Stück weiter nach kranial geschoben, um dort erneut in die Tiefe zu zirkeln.
Handwurzelzirkelungen eigenen sich gut als Vorbereitungsübungen für die Knetungen.

Die Fingerzirkelung (Abb. 25). Sie wird mit den Kuppen des 2.–4. Fingers ausgeführt. Alle Fingergelenke sind leicht gebeugt, die Hand bildet die Verlängerung des Unterarms, das Ellenbogengelenk ist gebeugt. Die Finger führen – durch kleine Supinations- und Pronationsbewegungen – kreisförmige Bewegungen aus, die tastend mehr und mehr in die Tiefe geführt werden. Man arbeitet im Tempo langsam und einschleichend, d. h., zuerst wird die Umgebung eines Veränderungsgebietes behandelt, erst später die Veränderung selbst.
Fingerzirkelungen können ebenfalls statisch und fortlaufend durchgeführt werden.

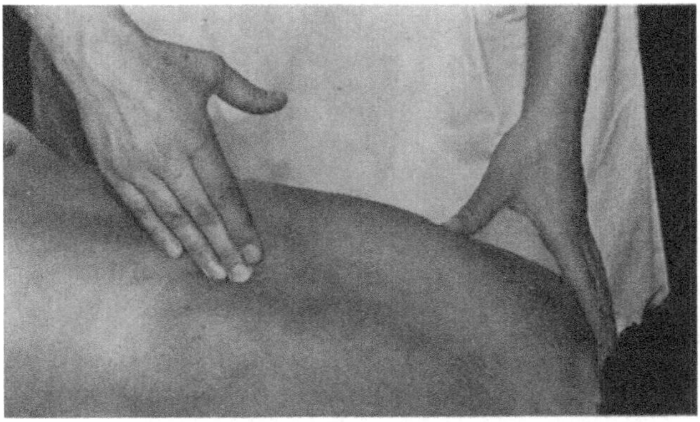

Abb. 25
Fingerzirkelung

Die Daumenzirkelung. Daumenzirkelungen sollten nur sparsam angewendet werden, da sie häufig mit zu großem Druck und zu geringem Tasteindruck ausgeführt werden. Deshalb kann es leicht zu einer Überdosierung kommen. Man arbeitet mit der Daumenkuppe, wie bei der Fingerzirkelung beschrieben.

Aufgaben

1. Üben Sie Zirkelungen mit Konzentration auf die Behandlung, um die Tastfähigkeit zu entwickeln!
2. Sagen Sie aus, was man tasten kann!

3.6. Klopfungen – Klatschungen – Hackungen

Diese Anwendungen gehörten zu den „Paradegriffen" des Masseurs. In der Krankenbehandlung sind sie immer mehr in den Hintergrund getreten. Wichtig ist eine sinnvolle, sparsame Anwendung, denn nur so können günstige Wirkungen erzielt werden. Diese Griffe führen in den oberflächlichen und tieferen Schichten zu einer verstärkten Hyperämie. Sie finden ihre Verwendung bei Muskulatur mit herabgesetztem Tonus, da durch die verbesserte Durchblutung gute Voraussetzungen für die Tonussteigerung geschaffen werden. Auf dem Thorax ausgeführt, haben sie eine expektorationsfördernde Wirkung.
Klopfungen – Klatschungen – Hackungen müssen mit lockeren Handgelenken ausgeführt werden. Zum Üben eignet sich der M. glutaeus maximus. Der Patient befindet sich in Bauchlage.

Die Klopfung. Die Unterarme befinden sich in einer Mittelstellung zwischen Supination und Pronation. Die Handgelenke sind dorsalextendiert, die

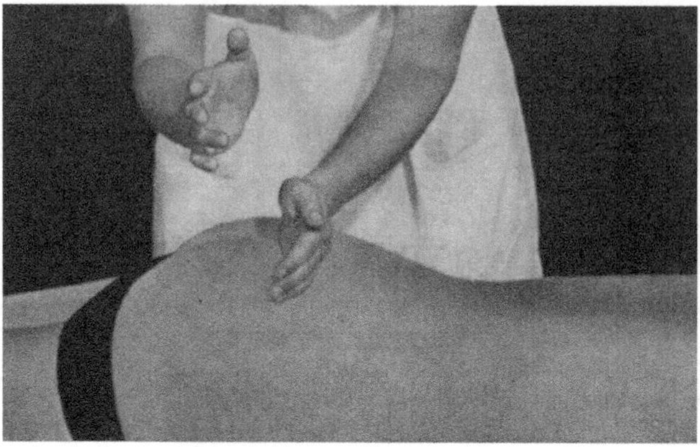

Abb. 26
Hackung

Finger zu einer lockeren Faust geschlossen. Durch schnellen Wechsel zwischen radialer und ulnarer Abduktion in den Handgelenken werden die Klopfungen über den ganzen Muskel ausgeführt.

Die Klatschung. Die Handgelenke sind leicht dorsalextendiert. Durch Anbeugen der Finger in den Grundgelenken und loses Anlegen der Daumen bildet man hohle Hände, so daß sich stets ein Luftpolster zur Abminderung des Schlags zwischen den Händen und der Haut des Patienten befindet. Die Hände werden durch einen schnellen Wechsel zwischen Dorsalextension und Volarflexion in den Handgelenken locker auf das Gewebe des Patienten fallen gelassen.
Die Klatschung kann in abgewandelter Form am Thorax durchgeführt werden. Man zieht eine Hand über das Gewebe. Während die Finger im ständigen Gewebskontakt bleiben, wird die Rückhand in schneller Folge angehoben und locker fallen gelassen.

Die Hackung (Abb. 26). Die Handgelenke bilden die Verlängerung der Unterarme, die Finger sind gestreckt und gespreizt. Mit lockeren Handgelenken schlagen die Kleinfingerkanten auf das Gewebe des Patienten. Die Intensität kann durch den Spannungsgrad der Hand dosiert werden.

3.7. Muskelschüttelungen

Die Muskelschüttelungen gehören zu den lockernden Massagegriffen.

Die manuelle Schüttelung. Sie wirkt direkt am Ort der Ausführung und kann z. B. am M. gastrocnemius, am M. quadriceps femoris, an den Adduktoren des Oberschenkels, am M. biceps brachii, am M. triceps brachii und an den Bauchmuskeln angewendet werden.

Bei der *manuellen Schüttelung am M. gastrocnemius* befindet sich der Patient in Rückenlage. Das Bein wird angestellt. Der Behandler setzt sich distal des Fußes auf die Massagebank und sichert so die Ausgangsstellung. Von medial legt er die Hand im Gabelgriff um den Muskel. Mit der anderen Hand wird in Höhe des Kniegelenkes das Bein fixiert. Durch eine kleine Ab- und Adduktionsbewegung des Armes schüttelt der Behandler den Muskel schnell und rhythmisch hin und her.

Die schwingende Schüttelung. Sie wirkt entfernt vom Ort ihrer Ausführung. Durch kleine Gelenkbewegungen, z. B. Ab- und Adduktion sowie Rotation, bringt man die Muskeln in eine schwingende Schüttelung.
Bei der *schwingenden Schüttelung des M. gastrocnemius* ist die Ausgangsstellung wie oben beschrieben. Der Behandler steht in Grätschstellung neben der Bank. Er fixiert das Bein durch Auflegen einer Hand auf den Fußrücken. Die andere Hand führt von der lateralen Knieseite kleine Rotationsbewegungen im Hüftgelenk aus. Die Schüttelung wirkt nicht nur auf den M. gastrocnemius, sondern auch auf die ischiokrurale Muskulatur ein.

Der Schüttelzug. Er wird für eine Extremität des Patienten durchgeführt. Beim *Schüttelzug am Bein* liegt der Patient in Rückenlage. Der Behandler steht am Fußende der Bank. Er umfaßt im Flechtgriff die Ferse und führt schüttelnde, rhythmische Bewegungen aus, dabei können Beugung und Streckung, Ab- und Adduktion sowie kreisende Bewegungen im Hüftgelenk ausgeführt werden.

3.8. Erschütterungen

Erschütterungen können als grobe Vibrationen definiert werden. Sie werden wegen ihrer Tiefenwirkung besonders als expektorationsfördernde Maßnahmen am Thorax angewendet. Dabei müssen die Hände dem Thorax gut anliegen, um den Druck von den Armen in die Tiefe übertragen zu können. Gleichzeitig kann man eine Drainagelagerung für den Thorax durchführen, d. h., der Abfluß aus dem Unter- und Mittellappenbereich muß mechanisch unterstützt werden.
Bei der *Erschütterung über dem Sternum* befindet sich der Patient in Rückenlage. Eine Hand wird flach in Längsrichtung auf das Sternum gelegt. Das Ellenbogengelenk ist gebeugt, das Schultergelenk abduziert. Die andere Hand liegt zur Unterstützung auf der arbeitenden Hand. Durch an- und abschwellenden Druck in die Tiefe werden in der Ausatemphase des Patienten Erschütterungen ausgeführt. Die expektorationsfördernde Wirkung kann durch die Kombination mit Phonationsübungen vergrößert werden. Um den Patienten zu schonen, können Erschütterungen nur über eine kurze Zeitdauer angewendet werden. Außerdem sind Erholungsphasen einzuschalten. Der Behandler kann in dieser Zeit beruhigende Streichungen durchführen.

Beachte

- daß trotz relativ großen Kraftaufwands Tastgefühl und Einfühlungsvermögen erhalten bleiben, deshalb nie mit gestrecktem Arm arbeiten!

Die Dosierung muß vom Reaktionsverhalten des Patienten abgeleitet werden.
Erschütterungen können außerdem an den unteren und dorsalen Thoraxteilen angewendet werden.

3.9. Vibrationen

Unter Vibrationen versteht man feine manuelle Stöße, die eine detonisierende Wirkung auf die Muskulatur haben. Das Beherrschen der Vibrationstechnik stellt große Anforderungen an das Können des Behandlers. Er muß in der Lage sein, Vibrationen so auszuführen, daß bei einem ökonomischen Kraftaufwand optimale Wirkungen erzielt werden.
Zum Erlernen der Vibrationen eignet sich besonders die Bauchdecke. Der Behandler legt seine Hand flach auf die Bauchdecke, das Ellenbogengelenk ist gebeugt, das Schultergelenk abduziert. Durch isometrische Anspannung der Unterarmmuskulatur und des M. brachioradialis wird die Hand in Vibration gebracht. Man muß von Anfang an darauf achten, daß die Vibrationen in die Tiefe gerichtet sind und nicht zu einer seitlichen Verschiebung des Gewebes führen.
Um den Lernenden die Arbeit zu erleichtern, läßt man zuerst gröbere Vibrationen ausführen, die allmählich verfeinert werden.

Beachte

- daß nicht die gesamte Oberarm- und Schultergürtelmuskulatur angespannt und verkrampft wird,
- daß gleichmäßig durchgeatmet wird,
- daß auch in der Fortbewegung Vibrationen ausgeführt werden können,
- daß beide Hände gleichmäßig beübt werden,
- daß Vibrationen unterschiedlicher Frequenz ausführbar sind.

3.10. Intermittierende Drückungen

Die intermittierenden Drückungen wirken am intensivsten auf den venöslymphatischen Rückstrom ein. Man führt sie bei gleichzeitiger Entstauungslagerung der Extremität aus. Beide Hände werden ringförmig um die Extremität gelegt, dabei liegen sie an Stellen geringeren Umfangs hintereinander, sonst nebeneinander. Die Finger sind geschlossen und in allen Gelenken leicht gebeugt, die Daumen weit abgespreizt, die Ellenbogengelenke gebeugt und die Schultergelenke abduziert. Unter Beibehalten der Ausgangsstellung wird mit der gesamten Handfläche ein kräftiger Druck in die Tiefe ausgeführt. Danach wird der Druck verringert, ohne daß der Kontakt mit dem Gewebe verlorengeht. Die Hände streichen etwa 1–2 cm nach proximal, um dann erneuten kräftigen Druck auszuführen. Wichtig ist, daß man bei Stauungen stets proximal des Stauungsgebietes beginnt und erst allmählich weiter distal einsetzt.

Aufgaben

1. Nehmen Sie kritisch zu den Klopfungen, Klatschungen und Hackungen Stellung!
2. Führen Sie die unterschiedlichen Schüttelungen durch, und vergleichen Sie ihre Wirksamkeit!
3. Welche Maßnahmen können zusätzlich zur Expektorationsförderung angewendet werden?
4. Üben Sie Vibrationen, und kontrollieren Sie dabei die Einhaltung der im Lehrbuch angegebenen Punkte!

3.11. Aufbau der Massage

3.11.1. Allgemeine Hinweise

Die einzelnen Massagegriffe werden zu einem Aufbau zusammengestellt. Für den Massageaufbau kann kein Schema gegeben werden, bestimmend für die Zusammenstellung der Handgriffe und für die Dauer der Behandlung sind:

- der Befund,
- das Behandlungsziel.

Der geübte Behandler wird seine Massage dementsprechend individuell aufbauen. Nur für den Lernenden ist das Schema zuerst verbindlich. Trotzdem gibt es einige **allgemeine Regeln,** die in jedem Massageaufbau eingehalten werden.

- Man arbeitet zuerst flächig, dann gezielt.
- Um tiefer gelegene Gewebsschichten behandeln zu können, müssen erst die oberflächlichen Schichten freigearbeitet werden.
- Die Massage wird nach der Dauer der Durchführung und nach dem Kraftaufwand dosiert. Man wird am Anfang einer Behandlungsserie kürzere Zeit und weniger intensiv behandeln und steigert allmählich, je nach zunehmender Verträglichkeit.
- Man versucht, die vorgefundenen Körperdeckenveränderungen des gesamten Segmentgebietes zu beseitigen, da bekanntlich reflektorische

Wechselbeziehungen zwischen den Gewebsschichten eines Segments bestehen und eine einseitige Beseitigung die Wirksamkeit der Massage stark beeinträchtigt. Chronische, reaktionsträge Veränderungen können dabei intensiver behandelt werden als solche, die akut im Verlauf einer Erkrankung zur Ausbildung gekommen sind.

- Die Massage darf keine Schmerzen verursachen.
- Man beginnt jede Massage mit einer einleitenden Streichung, führt während der gesamten Behandlung nach intensiven und reizenden Griffen beruhigende Streichungen aus und beendet die Massage mit einer Streichung.

Die Zusammenstellung des Behandlungsaufbaus wird von der vorwiegenden therapeutischen Anwendung der einzelnen Griffe bestimmt. Die oben beschriebenen allgemeinen Regeln (z. B. das Einfügen von Streichungen) werden in der Darstellung der einzelnen Behandlungen nicht mehr erwähnt.

Beachte

- daß der Patient nach jeder Behandlung ruhen muß, um die Reaktionen auf die gesetzten Reize langsam abklingen zu lassen. Sofortiges Aufstehen des Patienten kann zu Unverträglichkeitserscheinungen oder zumindest zur Verringerung der Wirkung der Massage führen.

Zum Abschluß der allgemeinen Hinweise soll etwas zur Verwendung von *Gleitmitteln* gesagt werden. Wir sind der Meinung, daß diese gar nicht oder nur sehr sparsam verwendet werden sollen, da durch sie die Wirkung der Massagegriffe erheblich verringert wird. Ihre Anwendung richtet sich stets nach der Hautbeschaffenheit des Patienten. So kann der Behandler bei schwitzenden Patienten oder bei Patienten mit starker Behaarung ein Gleitmittel auf seinen Händen verreiben. Günstig ist die Verwendung von Talkumpuder. In geringen Mengen angewendet, erhöht er die Gleitfähigkeit der Hände, ohne daß die Tastfähigkeit verlorengeht. Bei feuchter Haut des Patienten sind Öle und Fette als Gleitmittel besser geeignet. Sie verringern aber die Tastfähigkeit, deshalb müssen sie sehr sparsam verwendet werden. (Rückstände von der Haut des Patienten entfernen, um nicht die Kleidung zu verschmutzen.)

Aufgaben

1. Wiederholen Sie die allgemeinen Hinweise für den Massageaufbau, und erarbeiten Sie Beispiele dafür!
2. Erklären Sie, welche Zustandsänderungen in der Haut, im Bindegewebe, im Muskel und am Periost gefunden werden können!

3.11.2. Aufbau der Teilmassagen

3.11.2.1. Behandlung der Dorsalseite des Körperstamms

Abgrenzung des Arbeitsgebiets

Dorsal-kaudal: Beckenkamm, Kreuzbein.
Dorsal-kranial: oberes Ursprungsgebiet des M. trapezius.

Anteile im Arbeitsgebiet

Knöchern: Kreuzbein, Beckenkamm, WS, Rippen, Schulterblätter, Hinterhauptsbein.
Muskulär: Ursprungsgebiet des M. glutaeus maximus et medius, M. latissimus dorsi, M. erector spinae, M. trapezius, M. teres major. M. infraspinatus, M. levator scapulae, Mm. rhomboides, tiefe Nackenmuskulatur.

Lagerungsmöglichkeiten

Bauchlage des Patienten, zur Nackenbehandlung evtl. Sitz.

Behandlungsaufbau

Die Behandlung erfolgt abschnittsweise. Sie beginnt am M. erector spinae, es folgen der M. latissimus dorsi, der M. trapezius und die Umgebung des Schulterblattes, abschließend wird die Nackenmuskulatur behandelt.
Es ist günstig, zuerst die eine, danach die andere Rückenseite zu behandeln.

Arbeit am M. erector spinae
- Streichung entlang des Beckenkamms,
- dehnende Streichung über dem Kreuzbein und an seinem lateralen Rand,
- dehnende Streichung entlang des Beckenkamms,
- rollende Hautverschiebung über dem Kreuzbein und entlang des Beckenkamms,
- Fingerzirkelung in diesem Gebiet,
- Streichung über den M. erector spinae,
- rollende Hautverschiebung quer und längs zum Muskel,
- dehnende Streichung am M. erector spinae von kaudal nach kranial (bei Gewebsveränderungen abschnittsweise arbeiten),
- abhebende Fingerknetung des Unterhautgewebes über dem Muskel,
- Handwurzelzirkelung,
- Anknetung am medialen und lateralen Muskelrand,
- Fingerzirkelung.

Arbeit am M. latissimus dorsi
- Flankenstreichung über dem M. latissimus dorsi,
- parallele oder kreisende Hautverschiebung über dem Muskel,
- rollende Hautverschiebung im Muskelverlauf und an den Rändern,
- flächige Knetung mit beiden Händen, die im Bereich der hinteren Achselfalte in eine abhebende Knetung übergeht,
- dehnende Streichung an den Muskelrändern und im Muskelverlauf,
- Fingerzirkelung in diesem Gebiet.

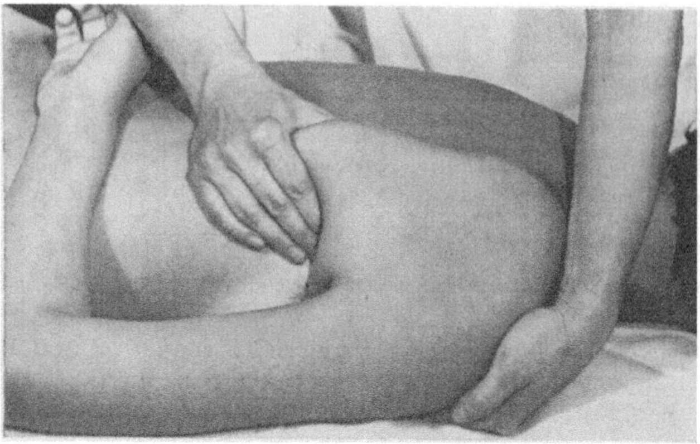

Abb. 27
Arbeit
am Schulterblatt

Arbeit am M. trapezius und um das Schulterblatt

- Streichung über den M. trapezius,
- rollende Hautverschiebung im Muskelverlauf, einschließlich dem querverlaufenden Teil und an den Schulterblatträndern,
- dehnende Streichung, besonders am Muskelrand des aufsteigenden und querverlaufenden Teils, an den Schulterblatträndern, auf dem Schulterblatt,
- Handwurzelzirkelung und Fingerzirkelung am aufsteigenden Teil des Muskels und an der hinteren Achselfalte,
- Fingerzirkelung an die Schulterblattränder heran, über dem Schulterblatt und unter dem unteren Schulterblattwinkel (Abb. 27).

Arbeit an der Nackenmuskulatur

- Streichung am absteigenden und querverlaufenden Teil des M. trapezius,
- rollende Hautverschiebung von der Vertebra prominens bis zur Nackenlinie (parallel zur WS) und über die Schulterbegrenzung,
- dehnende Streichung um die Vertebra prominens, von dort zum Hinterhauptsbein, über und unter die Spina scapulae, von Mastoid zu Mastoid,
- abhebende Hand- und Fingerknetung vom Akromion bis zum Hinterhauptsbein,
- Handwurzelzirkelung von der Vertebra prominens parallel zur WS bis zum Hinterhauptsbein und vom Akromion bis dorthin,
- Fingerzirkelung in den bei dehnenden Streichungen angegebenen Gebieten,
- Vibration über das gesamte Nackengebiet.

Arbeit an der Nackenmuskulatur aus Rückenlage des Patienten

- Dehnende Streichungen neben der WS bis zum Hinterhauptsbein, entlang der Nackenlinie bis zum Mastoid, um die Vertebra prominens, quer über den gesamten Muskelverlauf und von der Vertebra prominens bis zur Schulter,

- tangentiale Dehnung am Trapeziusrand,
- Handwurzelzirkelung,
- Fingerzirkelung in den Gebieten, die dehnend gestrichen wurden,
- Knöchelstreichung von der Nackenlinie bis zur Schulter,
- abschließende Streichung im Gabelgriff (der Kopf des Patienten ist zur anderen Seite gedreht) bis zur Schulter, Druck auf die Schulter nach kaudal.

Beachte

- daß Zirkelungen nicht auf evtl. angeschwollenen Lymphknoten, die im Nackenbereich zahlreich lokalisiert sind, ausgeführt werden.

Aufgaben

1. Wiederholen Sie Ursprung, Ansatz und Funktion der behandelten Muskeln!
2. Erarbeiten Sie Unterscheidungsmerkmale von Myogelosen und Lymphknoten!

3.11.2.2. Behandlung des Thorax

Abgrenzung des Arbeitsgebietes

Dorsal-kaudal:	Beckenkamm.
Dorsal-kranial:	Nackenlinie.
Ventral-kaudal:	Bauch.
Ventral-kranial:	Hals.

Anteile im Arbeitsgebiet

Dorsal-knöchern: WS, Rippen, Schulterblätter.
Dorsal-muskulär: M. erector spinae, M. latissimus dorsi, Mm. intercostales, M. trapezius, M. teres major, M. infraspinatus, M. levator scapulae, Mm. rhomboides, tiefe Nackenmuskulatur.
Ventral-knöchern: Rippen, Brustbein, Schlüsselbeine.
Ventral-muskulär: Bauchmuskulatur, Interkostalmuskulatur, M. sternocleidomastoideus.

Lagerungsmöglichkeiten

Bauchlage – Seitlage – Sitz – Rückenlage mit erhöhtem Oberkörper des Patienten.

Beachte

- daß die Wahl der Lagerung durch den Zustand des Patienten bestimmt wird.

Behandlungsaufbau für die Dorsalseite

Der Aufbau ist der Behandlung der Dorsalseite des Körperstamms sehr ähnlich, man konzentriert sich bei der Arbeit aber besonders auf die Interkostalmuskulatur und auf die Ursprungs- und Ansatzgebiete sowie Sehnen der übrigen Muskulatur.

Behandlungsaufbau für die Ventralseite

- einleitende Streichung über den gesamten vorderen Thorax,
- Weiterbehandlung der gegenüberliegenden Thoraxseite,
- Streichung über den Rippenbogen von lateral zum Sternum,
- Streichung im Verlauf des M. pectoralis major vom Sternum zum Akromion,
- rollende Hautverschiebung am unteren Rippenrand und über den Rippenbogen von medial nach lateral,
- dehnende Streichung in den unteren Interkostalräumen,
- Fingerzirkelung in diesem Gebiet,
- dehnende Streichung über dem Sternum längs und quer (bis ins parasternale Gewebe),
- Fingerzirkelung in diesem Gebiet,
- dehnende Streichung in den oberen Interkostalräumen,
- Handwurzelzirkelung am M. pectoralis major (vordere Achselfalte),
- Fingerzirkelung in den Interkostalräumen, kaudal der Klavikula, an der vorderen Achselfalte (zur Achselhöhle zu und von der Achselhöhle aus),
- dehnende Streichung am M. sternocleidomastoideus,
- Fingerzirkelung an seinem Ursprung (kranial der Klavikula, Fossa jugularis), Ansatz und Rändern.

Beachte

- daß man am M. sternocleidomastoideus weich und vorsichtig arbeiten muß.

- eine Vibration im Bereich des gesamten Thorax schließt die Behandlung ab,
- Abschlußstreichung.

Aufgaben

1. Erarbeiten Sie selbständig den Aufbau für die Behandlung der dorsalen Thoraxseite!
2. Begründen Sie, warum man sich bei der Behandlung besonders auf die Interkostalmuskulatur konzentriert!
3. Welche Maßnahme müßte durchgeführt und welche Griffe müßten angewendet werden, wenn ein Sekretabfluß aus der Lunge und dem Bronchialbaum erreicht werden soll?

3.11.2.3. Behandlung des Bauches

Abgrenzung des Arbeitsgebietes
Kaudal: Beckenkamm, Symphyse.
Kranial: Rippenbogen.

Anteil am Arbeitsgebiet
Knöchern: Symphyse, Beckenkamm, Rippenbogen, Brustbeinspitze.
Muskulär: M. rectus abdominis, M. transversus abdominis, M. obliquus abdominis externus et internus.

Lagerungsmöglichkeiten
Rückenlage des Patienten.

Beachte

- daß die Knie ausreichend hoch unterlagert werden müssen, um eine Dehnungsspannung der Muskulatur zu vermeiden.

Behandlungsaufbau
- Streichung im Kolonverlauf,
- evtl. kreisende Hautverschiebung (abhängig vom Gewebstastbefund),
- dehnende Streichung am M. rectus abdominis und M. obliquus abdominis externus vom Nabel ausgehend in Richtung der kranialen und kaudalen Lymphabflußbahnen,
- abhebende Knetung mit beiden Händen des Unterhautgewebes über dem M. rectus abdominis,
- Handwurzelzirkelung im Kolonverlauf,
- Fingerzirkelung am M. rectus abdominis (lateraler Rand und Ursprungsgebiet) und an den Mm. obliqui abdominis (bes. Ursprungs- und Ansatzgebiet),
- Abschlußstreichung, evtl. Vibration.

Beachte

- daß trotz intensiver Behandlung nicht mit starkem Druck in die Tiefe gearbeitet werden soll, um die inneren Organe zu schonen (Ausnahme: Kolonbehandlung).

Aufgaben

1. Wiederholen Sie Ursprung, Ansatz und Funktion der Bauchmuskulatur!
2. Nennen Sie die inneren Organe, die durch die Behandlung beeinträchtigt werden können!

3.11.2.4. Behandlung des Beckengürtels und der unteren Extremität

Abgrenzung des Arbeitsgebiets

Kranial: Beckenkamm, Kreuzbein.
Lateral: ventraler Rand des mittleren und kleinen Gesäßmuskels.
Kaudal: Fuß.

Anteile am Arbeitsgebiet

Knöchern: Beckenkamm, Kreuzbein, Steißbein, Trochanter major, Tuber ischiadicum, Femurschaft, Patella, Tibia, Fibula, Fuß- und Mittelfußknochen, Zehenknochen.
Muskulär: M. glutaeus maximus, medius et minimus, M. quadriceps, M. sartorius, Adduktoren, M. biceps femoris, Semimuskeln, Tractus iliotibialis, M. tibialis anterior, M. fibularis longus, M. gastrocnemius et soleus, lange und kurze Zehenbeuger und -strecker.

Lagerungsmöglichkeiten

Nach Zielstellung: Rückenlage – Seitlage – Bauchlage.

Behandlungsaufbau

Der Behandlungsaufbau wird vom Krankheitsbild bestimmt. Wir beschreiben eine vom Beckengürtel zum Fuß absteigende Behandlung.

Beachte

- daß die Massage- und Druckrichtung zentripetal verlaufen (Ausnahme: durchblutungsanregende Massage),
- daß abschnittweise gearbeitet wird, d. h.:
  Beckengürtel-Oberschenkel-Unterschenkel-Fuß oder
  Fuß-Unterschenkel-Oberschenkel.

Behandlung des Beckengürtels (Bauchlage des Patienten)

Arbeit am M. glutaeus maximus

- einleitende Streichung am M. glutaeus maximus,
- kreisende Reibung,
- Hautverschiebung rollend am Beckenkamm und/oder parallel und kreisend über das gesamte Gebiet,
- dehnende Streichung vom Kreuzbein über den Beckenkamm bis zum Trochanter major, von dort quer durch den Gesäßmuskel zur Analfalte zurück, entlang der Analfalte und queren Gesäßfalte bis zum Trochanter major,
- abhebende Knetung mit beiden Händen abschnittsweise von lateral nach medial,
- Handwurzelzirkelung,

- Fingerzirkelung am Kreuzbein, Steißbein, Beckenkamm, in der Muskelmasse, am Trochanter major, im Verlauf der queren Gesäßfalte, an den Ursprüngen der Oberschenkelmuskulatur,
- Abschlußstreichung.

Behandlung des Oberschenkels (Bauchlage des Patienten)

Arbeit am M. biceps femoris und den Semimuskeln
- Streichung der Oberschenkelrückseite,
- parallele Hautverschiebung,
- dehnende Streichung an den Muskelrändern und -sehnen,
- flächige Knetung mit beiden Händen,
- Handwurzelzirkelung,
- Fingerzirkelung an den Muskelrändern und -sehnen.

Arbeit am M. quadriceps (Rückenlage des Patienten)
- Streichung des Muskels,
- parallele Hautverschiebung,
- dehnende Streichung im Muskelverlauf und an den Rändern, bes. im Adduktorenkanal,
- abhebende Knetung mit beiden Händen,
- Handwurzelzirkelung,
- Fingerzirkelung, bes. an den Rändern und Sehnen.

Arbeit am Tractus iliotibialis
- Knöchelstreichung,
- parallele Hautverschiebung,
- dehnende Streichung,
- Handwurzelzirkelung,
- Fingerzirkelung.

Arbeit an den Adduktoren

Zur Behandlung der Adduktoren wird das Bein im Hüftgelenk leicht außenrotiert und im Kniegelenk etwa 45° gebeugt. Man gibt zur Unterstützung ein Lagerungskissen oder eine Knierolle unter die Kniekehle.
- Streichung der Adduktoren,
- kreisende Hautverschiebung,
- abhebende Knetung mit beiden Händen,
- Fingerzirkelung an den Muskelrändern und im Bereich des Ansatzes.

Behandlung des Unterschenkels (Rückenlage des Patienten)

Arbeit am M. tibialis anterior und M. fibularis longus
- Streichung,
- parallele Hautverschiebung,
- dehnende Streichung an den Muskelrändern,

- abhebende Knetung mit den Fingern (evtl. vorher manuelle Schüttelung),
- Handwurzelzirkelung,
- Fingerzirkelung bes. im Bereich der Übergänge der Muskeln in die Sehne und zwischen den Muskeln.

Arbeit am M. gastrocnemius (bei angestelltem Bein des Patienten)
- Streichung,
- abhebende Knetung mit einer Hand,
- Handwurzelzirkelung,
- Fingerzirkelung, bes. im Bereich der Achillessehne und an den im Muskelbereich gefundenen Verspannungen,
- evtl. können Muskelschüttelungen und Vibrationen in die Behandlung eingebaut werden.

Beachte

- daß die Behandlung des M. gastrocnemius aus der Bauchlage des Patienten intensiver ist.

Behandlung des Fußes

- einleitende Streichung,
- Längs- und Querreibung,
- dehnende Streichung entlang der Sehnen des M. extensor hallucis longus, des M. extensor digitorum longus und des M. fibularis tertius von den Zehengrundgelenken nach proximal,
- dehnende Streichung über die Fußsohle (etwa 4 Striche) von der Ferse zu den Zehengrundgelenken ausgeführt,
- dehnende Streichung an den Fußrändern und um die Knöchel,
- Handwurzelzirkelung an der Fußsohle,
- Handwurzelzirkelung gleichzeitig an der Dorsal- und Plantarseite in Höhe der Zehengrundgelenke (Abb. 28),
- Fingerzirkelung in den Gebieten, die dehnend gestrichen wurden,
- abschließender dehnender Griff im Bereich der Zehengrundgelenke (Abb. 29),
- Abschlußstreichung über das ganze Bein.

Aufgaben

1. Nennen Sie die Möglichkeiten der unterschiedlichen Beeinflussung des Kreislauf- und Lymphsystems bei der Behandlung der unteren Extremität!
2. Begründen Sie, warum im Bereich des Adduktorenkanals vorsichtig gearbeitet werden muß!

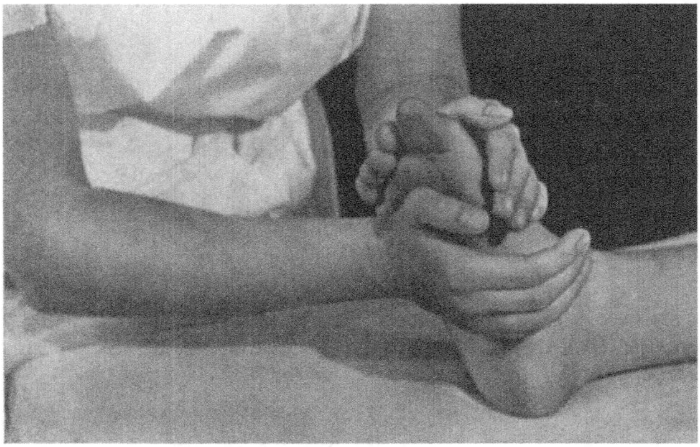

Abb. 28
Handwurzelzirkelung an der Dorsal- und Plantarseite der Zehengrundgelenke

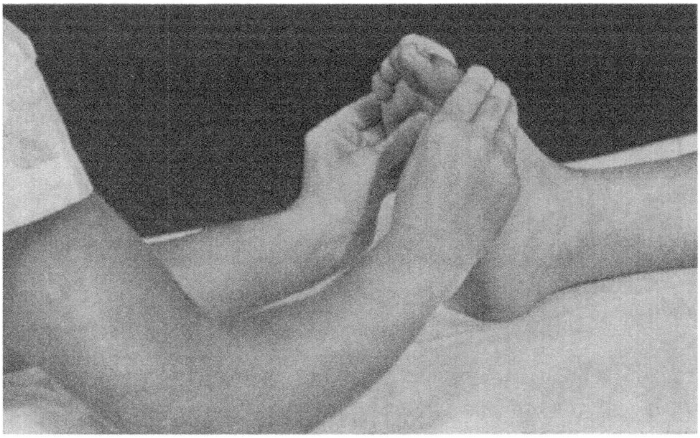

Abb. 29
Dehnung der Zehengrundgelenke

3.11.2.5. Behandlung des Schultergürtels und der oberen Extremität

Abgrenzung der Arbeitsgebiete

Dorsal-kaudal: unterer Schulterblattwinkel.
Dorsal-kranial: Ursprung der absteigenden Fasern des M. trapezius.
Lateral: hintere und vordere Achselfalte.
Ventral-kaudal: Ursprungsgebiet der Pars abdominalis des M. pectoralis major.
Ventral-kranial: Schlüsselbeine.
Distal: Hand, einschließlich Finger.

Anteile im Arbeitsgebiet

Schultergürtel
Dorsal-knöchern: WS, Schulterblätter, Rippen.
Dorsal-muskulär: M. trapezius, M. latissimus dorsi, M. levator scapulae, M. rhomboideus, M. supraspinatus, M. teres major, M. deltoideus.
Lateral-muskulär: M. serratus anterior.
Ventral-knöchern: Schlüsselbeine, obere Rippen, Brustbein.
Ventral-muskulär: M. pectoralis major.

Oberarm
Knöchern: Oberarmschaftknochen.
Muskulär: M. biceps brachii, M. triceps brachii, M. brachialis.

Unterarm
Knöchern: Elle, Speiche.
Muskulär: M. pronator teres, M. brachioradialis, M. palmaris longus, Extensoren und Flexoren der Hand und der Finger, M. abductor pollicis longus, M. extensor pollicis brevis.

Hand
Knöchern: Handwurzelknochen, Mittelhandknochen, Fingerknochen.
Muskulär: M. abductor digiti minimi, M. flexor digiti minimi, Mm. lumbricales, Mm. interossei palmares, Mm. interossei dorsales.

Lagerungsmöglichkeiten

Bauchlage – Rückenlage – Sitz.

Behandlungsaufbau

Es sind eine absteigende Behandlungsform und eine aufsteigende Behandlungsform möglich; man richtet sich dabei nach dem Krankheitsbild.

In den folgenden Ausführungen wird eine absteigende Behandlungsform beschrieben.

Behandlung des Schultergürtels

Siehe entsprechende Anteile aus 3.11.2.1. und 3.11.2.2.

Behandlung des Oberarms

Bauchlage des Patienten, der Arm ist im Schultergelenk 90° abduziert, der Unterarm hängt von der Bank herunter.

Arbeit am M. deltoideus
– Streichung,
– rollende Hautverschiebung,

- dehnende Streichung an der dorsalen Begrenzung des Muskels und im Bereich der Gelenkkapsel,
- abhebende Knetung mit beiden Händen,
- Handwurzelzirkelung,
- Fingerzirkelung.

Arbeit am M. triceps brachii

- Streichung über den M. triceps brachii,
- evtl. parallele Hautverschiebung,
- dehnende Streichung, bes. an den Faszienrändern,
- abhebende Knetung mit beiden Händen,
- Handwurzelzirkelung,
- Fingerzirkelung.

Rückenlage des Patienten

- Dehnende Streichung im Bereich der ventralen Begrenzung des M. deltoideus,
- Fingerzirkelung in diesem Gebiet.

Arbeit am M. biceps brachii

- Streichung über den M. biceps brachii,
- dehnende Streichung, bes. an den Faszienrändern,
- abhebende Knetung mit einer Hand,
- Handwurzelzirkelung,
- Fingerzirkelung.

Behandlung des Unterarms

Man behandelt am Unterarm die dorsale, die radiale und die volare Muskelgruppe in derselben Reihenfolge der Griffe, wie bei der Oberarmbehandlung beschrieben.

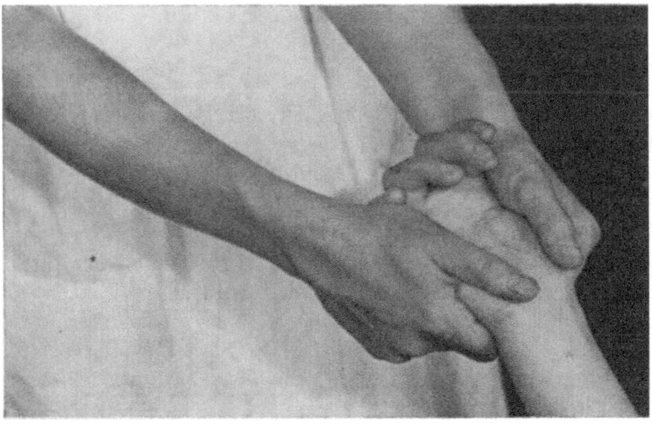

Abb. 30
Dehnung der Volarseite der Hand

Behandlung der Hand

- Ausstreichen von der Dorsal- und Volarseite,
- Fingerknetung des Daumen- und Kleinfingerballens,
- dehnende Streichung entlang aller Sehnen und im Bereich der Palmaraponeurose,
- Fingerzirkelung in diesem Gebiet und im Bereich aller Gelenke,
- abschließende Dehnung der Volarseite (Abb. 30),
- an den Fingern kann man streichen, zirkeln und die Schwimmhäute dehnen.

Aufgaben

1. Erarbeiten Sie den Behandlungsaufbau für den Schultergürtel!
2. Welche unerwünschten Reaktionen können bei der Schultergürtelbehandlung auftreten, und wie kann man sie beseitigen?
3. Erarbeiten Sie den Behandlungsaufbau für den Unterarm!
4. Festigen Sie mit Hilfe einer anatomischen Bildtafel die Kenntnisse der Schultergürtel- und Armmuskulatur!

3.11.2.6. Behandlung des Kopfes

Beachte

- die Kopfbehandlung kann am liegenden und sitzenden Patienten ausgeführt werden.
- Die Nackenbehandlung ist der Kopfbehandlung vorausgegangen.
- Sie dient der Erhaltung oder Wiederherstellung der Verschieblichkeit der Kopfschwarte gegen das Perikranium.
- Es sollen alle Muskeln behandelt werden, die in die Kopfschwarte ausstrahlen.

Behandlungsaufbau

- Streichung mit beiden Händen quer und parallel zum Scheitel,
- parallele Hautverschiebung über dem Scheitel,
- kreisende Hautverschiebung von der Nackenlinie zum vorderen Haaransatz,
- dehnende Streichung entlang der Nackenlinie,
- Fingerzirkelung von Mastoid zu Mastoid gehend und am M. occipitalis, entlang des Haaransatzes und im Bereich des M. frontalis,
- abschließende Streichung.

3.11.2.7. Behandlung des Gesichts

Beachte

- der Aufbau der Gesichtsmassage erfolgt unter Berücksichtigung therapeutischer Indikation.
- Die Nackenbehandlung geht der Gesichtsbehandlung voraus.
- Alle Massagegriffe werden ruhig und vorsichtig ausgeführt.
- Man arbeitet von der Gesichtsmitte nach lateral.

Lagerungsmöglichkeiten

Rückenlage des Patienten. Der Behandler sitzt am Kopfende der Bank.

Behandlungsaufbau

- einleitende Streichung (Abb. 31a und b, s. 3.1.3.6.),
- Fingerzirkelung über die Stirn, bes. am Haaransatz, an der Nasenwurzel (M. depressor glabellae) und an den Schläfen,

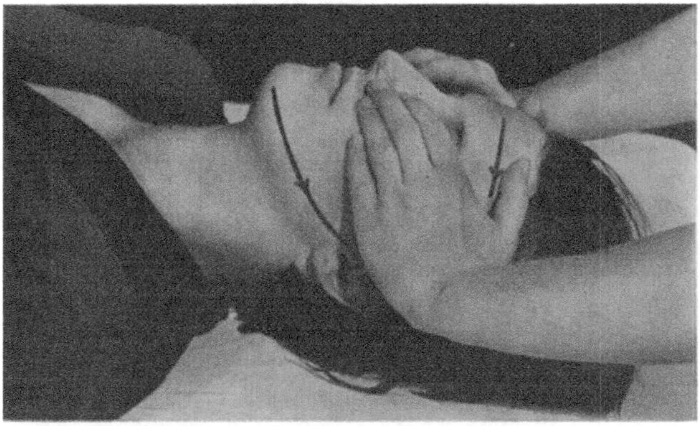

Abb. 31a u. b
Einleitende Streichungen im Gesicht

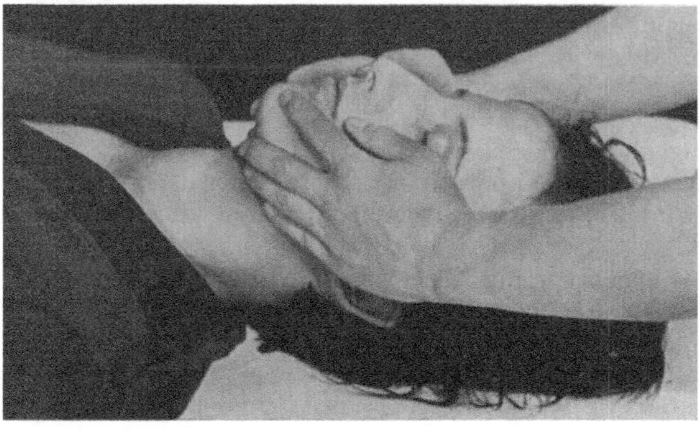

Abb. 31b

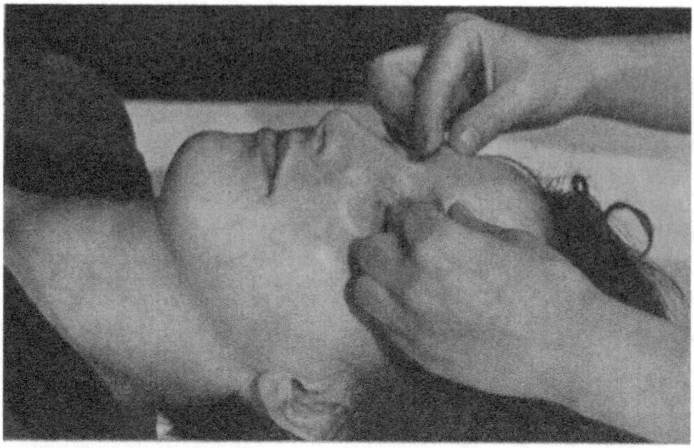

Abb. 32
Streichungen
der Augenbrauen

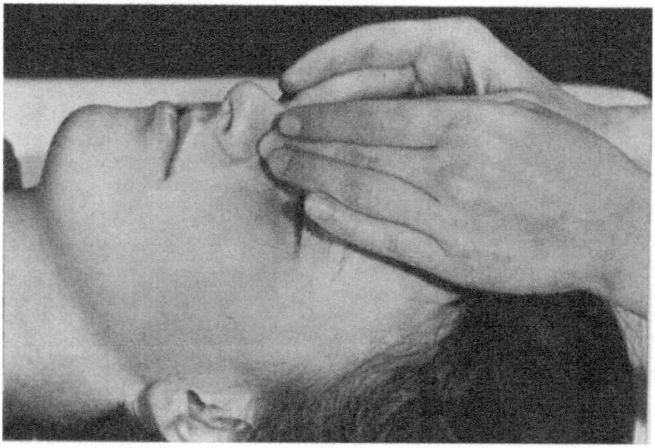

Abb. 33
Fingerzirkelung
auf der Nase

- Streichung der Augenbrauen mit Daumen und Zeigefinger (Abb. 32),
- Fingerknetung der Augenbrauen,
- Streichung über die geschlossenen Augenlider von der Nasenwurzel zu den Schläfen; es wirkt sehr beruhigend, wenn dabei die Finger längere Zeit ruhig über den Augenlidern liegen,
- Streichung der Nase von der Nasenwurzel zu den Nasenflügeln,
- Fingerzirkelung auf der Nase, bes. im Bereich des M. levator nasi et labii maxillaris (Abb. 33),
- Streichung der Jochbögen von der Nasenwurzel zu den Schläfen,
- Fingerknetung über die Jochbögen im Bereich der Pars orbitalis des M. orbicularis oculi,
- Fingerzirkelung in diesem Gebiet und am M. zygomaticus und M. risorius,
- Streichung des Kinns von der Kinnmitte zu den Schläfen,

- Fingerknetung über dem Unterkieferrand,
- Fingerzirkelung im Bereich des M. masseter,
- kreisförmige Streichung mit den Fingern um den Mund,
- Fingerzirkelung um den Mund (M. orbicularis oris) und im Bereich des M. triangularis,
- abschließende Streichung.

Aufgaben

1. Wiederholen Sie die mimische Muskulatur des Gesichts!
2. Nennen Sie die Zielstellungen einer therapeutischen Gesichtsbehandlung!

3.11.3. Einige Beispiele für eine befundgerechte Behandlung

3.11.3.1. Behandlung von Myogelosen im Schulter-Nacken-Gebiet

Allgemeiner Befund

Beruflich bedingte Dauerbelastung des Schulter-Nacken-Gebiets (Sekretärin), häufig Kopfschmerzen, bohrende, stechende Schmerzen bes. im M. trapezius, ausstrahlende Schmerzen bis in die Oberarmmuskulatur.

Spezieller Befund

Sichtbarer Befund. Schultern auffällig hochgezogen, der M. trapezius (Pars descendens, erscheint wulstförmig, Kyphose der BWS) Lordose der HWS, deutliches Hervortreten der Vertebra prominens, die Kopfhaltung wirkt starr, bewegungsarm.
Tastbarer Befund. Geringe Verschieblichkeit der Gewebe zueinander. Starke Verspannungen des paravertebralen Gewebes und des M. trapezius. Myogelotische Veränderungen finden sich im M. trapezius, bes. an den freien Muskelrändern der Pars ascendens, am Übergang von der Pars descendens zur Pars transversa und im paravertebralen Gewebe. Die Konsistenz der Myogelosen ist derb, sie setzen der tastenden Hand einen festen Widerstand entgegen. Das gesamte Gewebe ist sehr schmerzhaft. Die Beweglichkeit des Kopfes ist reduziert, besonders sind Neigung und Rotation eingeschränkt.

Behandlung
Siehe 3.1.1. (entsprechende Abschnitte).

In Anwendung kommen besonders weiche, dehnende Griffe, z. B. dehnende Streichungen, reibende Hautverschiebungen, weiche Knetungen, außerdem Vibrationen und Zirkelungen. Die Zirkelungen werden bes. an den Muskelrändern, den Sehnen, den Ursprungs- und Ansatzgebieten der Muskulatur und in der Umgebung der Myogelosen, später an den Myogelosen selbst ausgeführt.

Beachte

- daß eine schmerzhafte, harte Behandlung vermieden werden muß, da es sonst über die Muskelspindeln und Sehnenrezeptoren zu einer Erhöhung des Muskeltonus kommt.

Ein optimaler Behandlungserfolg kann nur erzielt werden, wenn gleichzeitig eine intensive Bewegungstherapie durchgeführt wird.

3.11.3.2. Behandlung hypotonischer Muskulatur am Arm nach Ruhigstellung

Allgemeiner Befund

Hypotonische Muskulatur am Arm nach Ruhigstellung.

Spezieller Befund

Die Haut ist schlecht durchblutet, das Muskelrelief verstrichen, der Turgor der Haut herabgesetzt.

Tastbarer Befund. Der Tonus des M. deltoideus, des M. triceps brachii und des M. biceps brachii ist vermindert.

Meßbarer Befund. Es findet sich eine geringe Umfangsdifferenz im Seitenvergleich.

Funktioneller Befund. Die Muskelkraft ist verringert. Nach der Muskelfunktionsprüfung (Janda) weisen der M. deltoideus und der M. triceps und biceps brachii die Stufe 3 – F auf.

Behandlung

Siehe 3.11.2.5. (entsprechende Abschnitte).

Für die geschwächte Muskulatur kommen kräftige und durchblutungsanregende Griffe, wie intensive dehnende Streichungen, Hautverschiebungen, Knetungen und Zirkelungen in Anwendung.

Beachte

- Die Massage stellt eine Vorbereitung für die Bewegungstherapie dar.

3.11.3.3. Behandlung einer Stauung am Bein bei Varizen

Allgemeiner Befund

Adipöse Patientin mit Varizenbildung im Bereich beider Unterschenkel, die über Schwere und „Müdigkeit“ der Beine, nächtliche Fuß- und Wadenkrämpfe und brennendes Gefühl klagt.

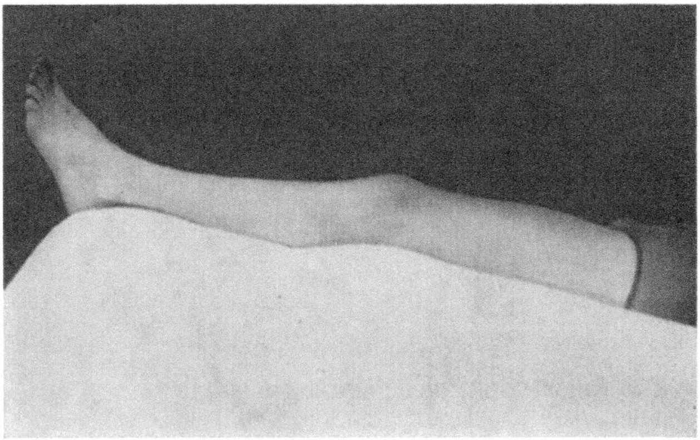

Abb. 34
Hochlagerung
des Beines

Spezieller Befund

Sichtbarer Befund. Die Haut im Bereich der Varizen ist pigmentiert und im unteren Drittel ödematös verändert.

Tastbarer Befund. Die Haut ist kühl, bes. an den Füßen kalt. Der Turgor ist im Stauungsgebiet erhöht. Bei punktförmigem Druck auf das Gewebe bleiben Vertiefungen zurück, die sich allmählich wieder ausgleichen. Das Gewebe ist gering verschieblich. Am Oberschenkel ist eine Spannungserhöhung der Adduktoren und eine geringe Gewebsverschieblichkeit im Bereich des Tractus iliotibialis zu tasten.

Behandlung

Rückenlage der Patientin mit gleichzeitiger Hochlagerung der Beine (s. Abb. 34).

Man beginnt mit
- entstauenden Streichungen am Oberschenkel, bes. im Bereich der Adduktoren,
- intermittierenden Drückungen – zentripetal,
- weichen, zentripetal gerichteten Knetungen, bes. an den Adduktoren,
- manuellen Schüttelungen,
- Vibrationen.

Die Veränderungen des Tractus iliotibialis sind sehr wirkungsvoll mit Bindegewebsmassage zu behandeln (s. 5.3.7.)

Beachte

- daß nicht im Bereich reizempfindlicher Venen massiert wird.

4. Segmentmassage

4.1. Zielstellung und Begründung der Segmentmassage

Die wissenschaftliche Grundlage der Segmentmassage bilden die anatomischen, pathophysiologischen und klinischen Erkenntnisse, daß

- Körper, Psyche und Umwelt eine untrennbare Aktionseinheit bilden,
- alle Teile des menschlichen Organismus durch gestaffelte, miteinander vermaschte nervale (segmental-spinale, subkortikale, kortikale) und humorale Regelkreise in gesetzmäßigen Wechselbeziehungen stehen,
- Störungen eines Teils des Körpers sich über diese Regelkreise auf andere Teile und den gesamten Organismus auswirken können.

Da jedes pathologische Geschehen reflektorische Auswirkungen in der Körperdecke verursacht und diese den Ablauf der Krankheit mit beeinflussen, hat die Segmentmassage folgende Ziele und Prinzipien:

- Erfassen und Beseitigen aller reflektorischen Veränderungen in sämtlichen der Massage zugänglichen Geweben der Körperdecke.
- Bearbeiten der einzelnen Veränderungen mit den als optimal erkannten Massagegriffen und Griffkombinationen. Da die Rezeptoren am schnellsten auf adäquate Reize reagieren, haben die verschiedenen Massagegriffe unterschiedliche Wirkungen auf die einzelnen Gewebsveränderungen.
- Auswahl der Quantität und der räumlichen wie zeitlichen Verteilung der Massagereize nach der topographischen Anordnung der betroffenen Zonen und der Wertigkeit der Befunde. Die reflektorischen Erscheinungen können zwar bevorzugt in den zugehörigen Segmenten, aber auch entfernt und atypisch lokalisiert sein. Daher können gleiche Massagegriffe bei verschiedener räumlicher und zeitlicher Verteilung und Stärke unterschiedliche Reaktionen im lebenden Gewebe auslösen.
- Individuelle, der jeweiligen Reaktionslage des Patienten und den Gewebsveränderungen angepaßte Dosierung wegen der individuell unterschiedlichen und intraindividuell schwankenden Reaktionsfähigkeit des Patienten sowie der differenten Wertigkeit der Veränderungen.

4.2. Ausführung der Segmentmassage

4.2.1. Lagerung des Patienten

Die Behandlung erfolgt im Liegen und im Sitzen.
Im Liegen. Der Patient liegt entspannt in Bauchlage, Arme längs des Körpers, Handrücken aufliegend, Kopf zur Seite gedreht (Abb. 35). Zur erhöhten Sicherheit können die Handflächen unter das Becken geschoben werden.
Im Sitzen. Der Patient sitzt auf einem Hocker mit dem Rücken zum Behandler, die Hände liegen locker auf den Oberschenkeln.

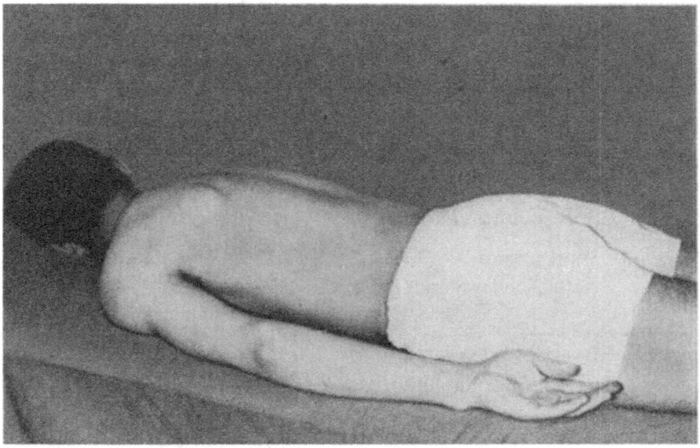

Abb. 35
Lagerung
des Patienten

4.2.2. Griffe und Griffkombinationen

Die Segmentmassage setzt die in der umseitigen Tabelle 2 beschriebenen Griffe und Griffkombinationen ein.

4.2.2.1. Gewebsadäquate Griffe der Segmentmassage

Für muskuläre Veränderungen. Ein *umschriebener muskulärer Hypertonus* schwindet am schnellsten auf druckschwache, mittelfrequente Vibrationen oder schnelle, feine hautverschiebenden Friktionen. Knetungen führen dagegen fast immer zu einer defense musculaire (Abwehrspannung) mit Verstärkung der Schmerzen.
Breite hypertone Muskelzonen im Segmentwurzelgebiet beseitig die Segmentmassage mit dem „Anschraub-", „Roll-" oder Schubgriff", in der Gesäß- und Schulterblattmuskulatur mit hautverschiebenden Friktionen, im M. subscapularis mit Streichungen und Friktionen.
Myogelosen reagieren am besten auf druckstarke Knetungen und starke Friktionen. Auf Vibrationen sprechen sie nicht an.

Tabelle 2 Handgriffe der „Segmentmassage“

Lokalisation und Art der reflektorischen Phänomene	Allgemeine Handgriffe	Spezielle Handgriffe
Muskulatur		
umschriebener Hypertonus	milde Vibrationen, indirekte Vibrationen	Anschraubgriff Rollgriff
zonaler Hypertonus	leichte Vibrationen, hautverschiebende Friktionen	Schubgriff
Hypotonie, Atrophie Myogelosen	harte Vibrationen kräftige Knetungen	Unterschulterblattgriff Behandlung der Schulterblattumrandung und des M. infra- und supraspinatus
Bindegewebe		
Schwellungen	feinste Vibration	Sägegriff
Einziehungen	Reibungen, Streichungen, tiefe Knetungen	Zuggriff
Eindellungen	Walkungen tiefe Knetungen	Zwischendornfortsatzgriff
		Beckenschüttelung
Periost	zirkelnde Friktionen	Behandlung des Beckenkammes Behandlung des Sternum Behandlung des Cranium Behandlung des Sacrum

Hypotone Muskeln lassen sich durch druckstarke, frequente Vibrationen, tiefgreifende Friktionen und Knetungen tonisieren.

Für bindegewebige Veränderungen. Die Segmentmassage bevorzugt bei bindegewebigen Schwellungen druckschwache Vibrationen und hautverschiebende Friktionen; bei Einziehungen Streichungen, Reibungen und Knetungen, bei Eindellungen Knetungen. Starke Spannungen im subkutanen Bindegewebe erfordern hautverschiebende Friktionen, Reibungen oder Streichungen. Tangentiale Schub- und Zugreize erreichen der „Sägegriff“ und der „Zuggriff“ sowie alle Griffkombinationen, die mit dem „Einschrauben“ in das Gewebe beginnen. Der „Zwischendornfortsatzgriff“ führt kleine, gegensinnige, kreisende Bewegungen neben einem Zugreiz aus. Die „Beckenschüttelung“ beeinflußt Bindegewebe und Muskulatur.

Für periostale Veränderungen. Bei tiefliegenden periostalen Veränderungen sind technisch nur zirkelnde kleine Friktionen, bei oberflächlichen auch Streichungen anwendbar.

4.2.2.2. Spezielle Griffkombinationen

Die speziellen Griffkombinationen der Segmentmassage wirken fast alle auf mehrere Gewebe gleichzeitig.
Deshalb beginnen viele Griffkombinationen mit dem „**Einschrauben**“ in das Gewebe, d. h., durch Radialabduktion der Hand und Dehnen des Gewebes mit den Fingerbeeren 2–4 (5) kommt es zum Verschieben des Gewebes bis zur Verschiebegrenze, wodurch ein Schneidegefühl erzeugt werden kann. Unter Beibehaltung dieses Zugreizes wird friktierend in die Tiefe gearbeitet, je nach Gewebsbefund evtl. bis zum Periost. Dieses Unter-Zug-in-die-Tiefe-Gehen unterscheidet die Segmentmassagefriktion von der Fingerzirkelung der klassischen Massage (s. dazu Abschn. 3.5.). Sie wird in der Segmentmassage als *hautverschiebende Friktion* bezeichnet und kann auch mit der Handwurzel bei Supinationsstellung der Hand durchgeführt werden. In der folgenden Darstellung werden die Griffkombinationen in alphabetischer Reihenfolge erläutert. Ihre Zusammenstellung erfolgt nach dem jeweiligen Krankheitsbild und wird später beschrieben.

Achselhöhlenbehandlung. Der Behandler sitzt oder steht neben dem liegenden Patienten. Er legt beide Hände wie eine Kapsel um die Schulter, einen Handballen ventral, den anderen dorsal. Es werden hautverschiebende Friktionen mit beiden Handballen gleichzeitig oder im Wechsel an der ventralen und dorsalen Achselhöhlenwand von außen ausgeführt. Die Finger liegen dabei auf der Schulterhöhe und geben dem Griff den Halt. Anschließend steht der Behandler am Kopfende und schraubt sich mit den Fingerbeeren der gleichseitigen Hand von der Innenseite der ventralen Wand so ein, daß der M. pectoralis nach ventral gedehnt wird, während man, je nach Befund, friktierend in seine Tiefe arbeitet. Zur Behandlung der dorsalen Wand (Mm. teres) mit gleicher Technik und Hand steht der Behandler wieder seitlich.

Anschraubgriff im Liegen. Der Behandler steht links neben der Massagebank und legt seine rechte Hand auf das Kreuzbein, Daumen links, die anderen Finger rechts der Wirbelsäule. Die fest aufliegenden 2.–5. Finger schrauben sich so ein, daß das gesamte Hautgewebe an die Wirbelsäule heran verschoben wird. Ein oberflächliches Streichen über die Haut ist falsch. Durch Verlagerung der Finger nach kranial werden alle Segmentwurzeln bearbeitet. Der Daumen mit seinem Ballen dient nur als Halt. Die zweite Hand kann unterstützend über die Arbeitshand gelegt werden.
Für die Behandlung der linken Seite des Patienten muß die linke Hand benutzt werden (Abb. 36).

Anschraubgriff im Sitzen. Der Patient sitzt auf einem Hocker mit dem Rükken zum Behandler, die Hände liegen locker auf den Oberschenkeln. Der Behandler sitzt hinter dem Patienten und arbeitet mit der rechten Hand rechtsseitig und der linken linksseitig. Die Fingerbeeren der Daumen setzen so kaudal als möglich am lateralen Rand des M. erector spinae ein und schrauben sich nach medial kranial in das Gewebe ein. Mit hautverschiebenden

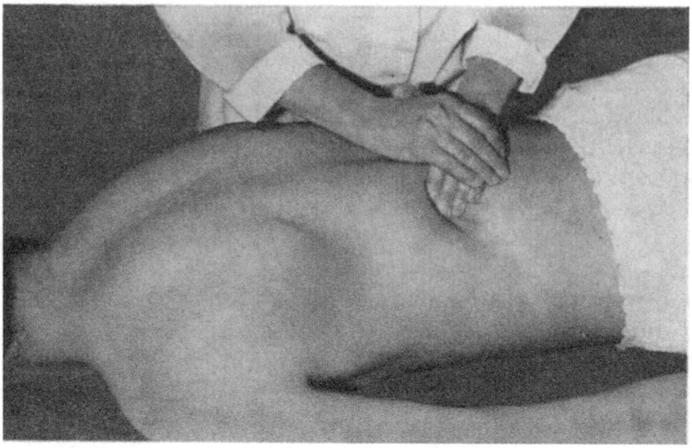

Abb. 36
Anschraubgriff im Liegen

Friktionen wird bis an die Wirbelsäule heran gearbeitet. Die übrigen Finger stützen sich auf Beckenkamm, Flanken, Rippen und Schulterblättern leicht ab. Die Bearbeitung erfolgt von den kaudalen zu den kranialen Segmenten und kann einseitig oder doppelseitig ausgeführt werden.

Beckenschüttelung. Sie kann im Liegen oder Sitzen erfolgen. Der Behandler legt beide Hände an die Bauchdecke an, bis sich die Fingerspitzen unterhalb des Nabels berühren. Unter gröberen Vibrationen (s. dazu Abschn. 3.9.) gleiten die Hände nach außen, wo sie Pronationsstellung einnehmen und mit den radialen Kanten der Zeigefinger zwischen unteren Rippenwänden und Darmbeinkämmen kurze seitliche Schwingungen ausführen, während sie nach hinten bis zur Wirbelsäule gleiten.

Darmbeinkammbehandlung. Der Patient sitzt im Reitsitz, der Behandler hinter ihm. Er legt die Fingerbeeren des 2.–5. Fingers beiderseits auf die Darmbeinkämme flach über der Spina iliaca auf und bearbeitet das Gewebe mit kleinen hautverschiebenden Friktionen unter Druck gegen die Crista iliaca und Zug in Richtung Wirbelsäule. Am M. latissimus dorsi werden die Hände supiniert und der Muskelrand besonders intensiv bearbeitet. Das gleiche gilt für den Rand des M. erector spinae als besondere Reizung der Fascia thoracolumbalis.
Die Darmbeininnenseite kann, wenn es der Befund verlangt, mit gleicher Technik bearbeitet werden. Dabei werden lediglich die Finger stärker gebeugt und der Zug nach kaudal-dorsal gegeben. Ab Muskelrand des M. latissimus dorsi setzt sich der Handgriff genau wie oben fort.

Daumenballenbehandlung. Die Bearbeitung mit hautverschiebenden Friktionen gegen den M. opponens pollicis der rechten Patientenhand erfolgt mit den Fingerbeeren 2–4 der rechten Hand des Behandlers. Bei Bearbeitung der Mm. interossei dorsales kann die Daumenkuppe unterstützen.

Gesäßbehandlung. Im Sitzen werden die Gesäßmuskeln mit hautverschiebenden Friktionen von Trochanter, Darmbeinstachel und Darmbeinkamm in Richtung Kreuzbein in 3 Phasen bearbeitet. Die Friktionen müssen in kleinen, tiefgreifenden Kreisungen ausgeführt werden, um die muskulären Veränderungen zu finden. Ein Gleiten der Finger über die Haut, ohne diese zu verschieben, hat keine Wirkung.
Spannungen unterhalb des Darmbeinkammes dorsal sprechen besonders gut auf druckschwache Vibration, verbunden mit hautverschiebenden Friktionen, an.

Hinterhauptbehandlung. Das Gewebe im Verlauf und unter der Linea terminalis nuchae wird von lateral nach der Protuberantia occipitalis externa zu mit kleinen, tastenden, hautverschiebenden Friktionen angegangen. Die Behandlung der Okzipitalgegend verlangt vom Behandler feines Tastgefühl und Anpassungsvermögen, um Sensationen zu vermeiden. Besonders bewährt hat sich bei Kopfschmerzen das Arbeiten nur von einer Seite zur anderen und Zug nach kranial unter Handwurzelführung mit starker Beugung der Fingerendglieder.

Interkostalraumbehandlung. Die Behandlung erfolgt im Sitzen, der Behandler sitzt hinter dem Patienten. Am Rippenbogen beginnend, werden die Fingerbeeren 2–4 (5) so angelegt, daß Druck nach kaudal gegen das 10. Rippenpaar gegeben werden kann. Unter Zug nach dorsal werden kleine kreisende, hautverschiebende Friktionen bis zur Wirbelsäule, bei muskulären Hypertonien zusätzlich druckschwache Vibrationen ausgeführt. In der gleichen Weise wird auch in den nächst höheren Interkostalräumen behandelt. Um nach den kaudalen auch die kranialen Interkostalräume massieren zu können, werden die Endphalangen der Finger von der Achsel aus unter den M. pectoralis geschoben. Während der Massage gleitet die Hand von der vorderen Thoraxwand in die Achselhöhle zurück. Die unter dem Schulterblatt liegenden Interkostalräume können z. T. mit dem „Unterschulterblattgriff" erfaßt werden.

Kopfschwartenbehandlung. Der Behandler steht hinter dem sitzenden Patienten. Die Fingerbeeren beider Hände verschieben die Kopfschwarte durch gegensinnige Bewegungen. Die gesamte Kopfschwarte wird in 3 Phasen von ventral nach dorsal massiert.

Kreuzbeinbehandlung. Der Patient nimmt Bauchlage ein. Hautverschiebende Friktionen erfolgen in 3 Arbeitsgängen: zuerst von der Kreuzbeinspitze entlang der Iliosakralfuge und dem oberen Kreuzbeinrand bis zum Wirbelsäulen-Becken-Winkel der Gegenseite, dann längs der Crista sacralis intermedia der Gegenseite und zum Schluß mit Handwurzelführung und Wechsel der Hand längs der Crista sacralis mediana. Die letzten 2 Arbeitsgänge enden am oberen Rand des Kreuzbeines.

Nackenbehandlung. Der Patient sitzt. Zur Bearbeitung der rechten Nackenseite steht der Behandler links vom Patienten. Seine linke Hand stützt den

Kopf leicht an der Stirn. Die rechte Hand führt hautverschiebende Friktionen von der Schulterhöhe aus, dem oberen Trapeziusanteil folgend bis zur Linea nuchae.
Die Muskelfurche zwischen M. sternocleidomastoideus und M. trapezius ist wichtig, weil von ihr aus Spannungen im M. splenius capitis und M. levator scapulae gelöst werden können. Der Plexus brachialis im unteren Drittel dieses Muskelfaches darf nicht massiert werden.

Oberarmbehandlung. Zur besseren Entspannung liegt der Patient auch für die Extremitätenbehandlung in Rückenlage. Einleitend werden lockernde Handgriffe aus der klassischen Massage für den gesamten Schultergürtel und alle Armmuskeln durchgeführt. Vordere und hintere Achselfalte nicht vergessen! (s. dazu Schüttelungen, Abschn. 3.7., und Vibrationen, Abschn. 3.9.)
Man beginnt mit hautverschiebenden Friktionen am vorderen und hinteren Rand des M. deltoideus. Der Behandler sitzt dabei neben dem Patienten. Danach folgt die gleiche Technik gegen den medialen Rand des M. biceps und gegen den dorsalen Rand des M. triceps brachii. Dabei ist darauf zu achten, daß die Phase des Einschraubens bis zur Verschiebegrenze erfolgt. Man muß durch Gegenzug mit der zweiten Hand das Rollen des Gewebes um den Humerus vermeiden!

Oberschenkelbehandlung. Der Patient nimmt Rückenlage ein. Der Behandler steht auf der gegenüberliegenden Seite des zu behandelnden Beines. In Form des Anschraubgriffes bearbeiten die Finger den hinteren Rand des Tractus iliotibialis von distal nach proximal, wobei der Handballen dem Griff den Halt gibt.
Danach werden gegen den äußeren Rand des M. rectus femoris hautverschiebende Friktionen mit den Fingerbeeren 2–4 (5) von distal nach proximal durchgeführt. Von der Innenseite der Kniekehle können jetzt tiefgreifende hautverschiebende Friktionen bis zum Durchtritt des Adduktorenkanals erfolgen. Anschließend arbeitet man mit kleinen Zirkelungen und leichten Vibrationen entlang dem medialen Rand des M. sartorius, jeweils um Fingerbreite fortschreitend.

Rollgriff. Der Patient liegt. Der Behandler steht quer zur Massagebank, jeweils auf der zu behandelnden Seite. Zur Bearbeitung der rechten Rückenseite wird der linke Daumen kaudal neben den langen Rückenstreckern so angelegt, daß er mit diesen einen spitzen Winkel bildet. Er schraubt sich in die Furche der Rückenstrecker ein und liegt damit parallel zum Muskelrand. Der rechte Daumen wird kranial vom linken in gleicher Weise angesetzt. Die Rückenstrecker liegen wie eine Rolle vor beiden Daumen und werden durch leichte Drehbewegungen und Druck mit den Daumengrundgelenken an die Wirbelsäule an- und abgerollt (Abb. 37).
Etappenweise werden beide Daumen nach kranial verlagert. Dazu wird der linke Daumen muskelwärts vor den rechten gelegt und hält den Muskelwulst fest. Der rechte Daumen wird kranial wieder angesetzt. Nach der

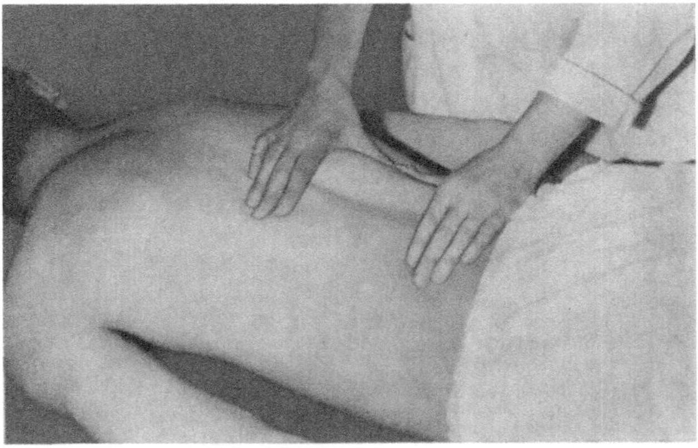

Abb. 37
Rollgriff

Massage der einen Seite von der Lumbal- bis zur Nackengegend wird die andere Seite in gleicher Art behandelt.

Sägegriff. Der Behandler steht in Grätschstellung der Massagebank zugewandt. Beide Hände werden mit der Daumen-Zeigefinger-Spanne zuerst an der gegenüberliegenden, später der zugewandten Körperseite des Patienten und zum Schluß über der Wirbelsäule so angesetzt, daß ein Hautwulst zwischen ihnen entsteht. Durch Sägebewegungen beider Hände gegeneinander wird das gefaßte Gewebe im ganzen verschoben. Während die proximale Hand neues Gewebe heranholt, gleitet die distale entstauend weiter, und die Sägebewegungen beginnen von neuem. Die Segmente werden so von kaudal nach kranial bearbeitet.

Schubgriff. Der Behandler steht rechts neben dem liegenden Patienten. Seine linke Hand fixiert das Becken des Patienten durch Umfassen der Darmbeinschaufel.
Der Ballen der rechten Hand schraubt sich in der Lendengegend von lateral auf dem Rückenstrecker der zugewandten Seite so weit ein, bis die Hand quer zur Wirbelsäule und die Finger zur Mitte gerichtet sind. Unter gröberen Vibrationen und bleibendem Zugreiz nach medial-kranial führt man schwingende und schiebende Bewegungen von kaudal nach kranial aus. Die Haut wird dabei immer mit verschoben. Zur Behandlung der linken Rückenmuskeln werden die Hände gewechselt, der Behandler steht links.

Schulterblattumrandung. Die Behandlung kann im Liegen oder Sitzen erfolgen. Der Behandler steht rechts neben dem Patienten. Seine rechte Hand umfaßt ventral die linke Schulter und den Oberarmkopf. Die linken 2.–5. Finger haken sich am Ansatz des M. latissimus dorsi ein und führen kleine hautverschiebende Friktionen unter Zug nach medial entlang des lateralen Schulterblattrandes bis zum kaudalen Schulterblattwinkel aus. Dann umfassen Daumen und Zeigefinger den unteren Schulterblattwinkel. Ein

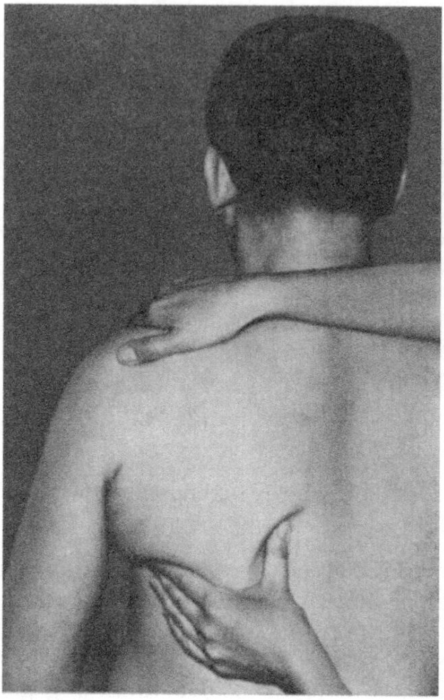

Abb. 38
Behandlung der Schulterblattumrandung

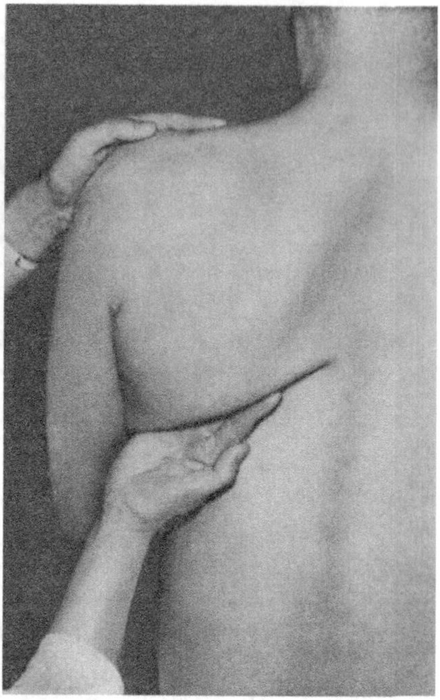

Abb. 39
Unterschulterblattgriff

mäßiger Zug der rechten Hand hebt das Schulterblatt in Flügelstellung ab und ermöglicht die Massage des Gewebes am Angulus inferior scapulae. Mit dem linken Daumen werden anschließend hautverschiebende Friktionen gegen die Facies costalis der Scapula durchgeführt, bis die Mm. rhomboidei es verhindern. Jetzt arbeitet man gegen den medialen Schulterblattrand dann von kranial gegen die Spina scapulae bis zum Acromion. Die Fingerbeeren schrauben sich nun von ventral gegen den M. trapezius ein und führen hautverschiebende Friktionen bis zur Schädelbasis durch (Abb. 38).

Sternumbehandlung. Der Behandler steht hinter dem sitzenden Patienten, legt die Arme über die Schultern des Kranken und die Fingerkuppen 2–4 dicht gegeneinander auf den Schwertfortsatz. Die Finger ziehen die Haut nach kranial, bis diese gespannt ist und bearbeiten das Sternum bis zum Manubrium mit gegensinnigen Friktionen. Anschließend werden die Fingerkuppen an den unteren Sternalrändern angesetzt. Von jedem Interkostalraum aus erfolgen Friktionen mit Druck gegen den Sternalrand. Am Schlüsselbein angekommen, sucht jeder Daumen Halt auf dem Trapeziuskamm. Die Finger führen kleine hautverschiebende Friktionen unterhalb der

Schlüsselbeine nach lateral bis zur Schulterhöhe aus. Den Abschluß bilden Ausstreichungen entlang den Sternalrändern bis zur Schulter.

Stirnbehandlung. Der Behandler steht hinter dem sitzenden Patienten. Die Stirnbehandlung wird mit Streichungen eingeleitet (s. dazu Abschn. 3.1.2.6.). Danach werden die Fingerbeeren 2–4 beider Hände an der Nasenwurzel gegeneinander gerichtet angesetzt und erzeugen durch Schub gegeneinander eine Hautfalte. Unter Gegenkreisen und Beibehaltung eines Zugreizes nach kranial wird mit hautverschiebenden Friktionen bis zum Haaransatz gearbeitet. Mit gleicher Technik bearbeitet man die gesamte Stirn zwischen Augenbrauen und Haaransatz.

Trapeziusgriff. Beide Handballen werden auf die Mm. trapezii gelegt, die Finger umfassen die Trapeziuswülste. Die Fingerbeeren 2–5 der rechten Hand schrauben sich am rechten, die der linken Hand am linken M. trapezius von ventral nach dorsal-medial ein, die Handballen führen flächige hautverschiebende Friktionen, gleich- oder gegensinnig aus,.

Unterarmbehandlung. Der Behandler umfaßt mit einer Hand die Hand des Patienten wie beim Gruß. Der Daumen der anderen Hand wird quer zum Faserverlauf der Muskeln in die Furche der Extensoren gelegt, während die Finger die Flexoren umfassen. Durch leichte Supinationsbewegungen mit der Hand des Patienten läßt man die Extensoren dosiert gegen die Daumen anlaufen. Während der Behandlung wandert der Daumen von distal bis kurz unterhalb des Epicondylus radialis.
Während der Behandlung der Flexoren laufen deren Muskelbäuche bei Pronationsbewegungen der Patientenhand gegen die Finger des Behandlers, die einen leichten Druck zur Ulna ausüben.

Unter- und Obergrätenmuskelgriff. Man kann am liegenden und sitzenden Patienten arbeiten. Der Behandler steht oder sitzt auf der gegenüberliegenden Körperseite. Man schraubt sich mit den Fingerbeeren des 2.–4. Fingers der entsprechenden Hand im oberen Drittel der hinteren Achselfalte ein und arbeitet mit hautverschiebenden Zirkelungen von lateral nach medial – evtl. unter Belastung durch die andere Hand – bis zur Mitte der Spina scapulae. Von dort aus werden nach Wechsel der Hand und der Ausgangsstellung (andere Seite), die Zirkelungen nach kranial-lateral bis kurz vor die Schulterhöhe fortgesetzt.

Unterschenkelbehandlung. Der Behandler sitzt neben dem zu behandelnden Bein und setzt die Fingerbeeren 2–5 beider Hände gegeneinander an die Ränder der Gastroknemiusköpfe und arbeitet mit hautverschiebenden Friktionen unter Zug nach lateral-kranial in die Kniekehle hinein. Dann steht der Behandler am Fußende. Seine rechte Hand umfaßt den rechten Fuß des Patienten, die linke legt sich so um den Unterschenkel, daß der Daumen quer zum lateralen Rand des M. tibialis anterior liegt. Durch Supinationsbewegungen des Patientenfußes läßt man den M. tibialis anterior gegen den linken Daumen anlaufen.

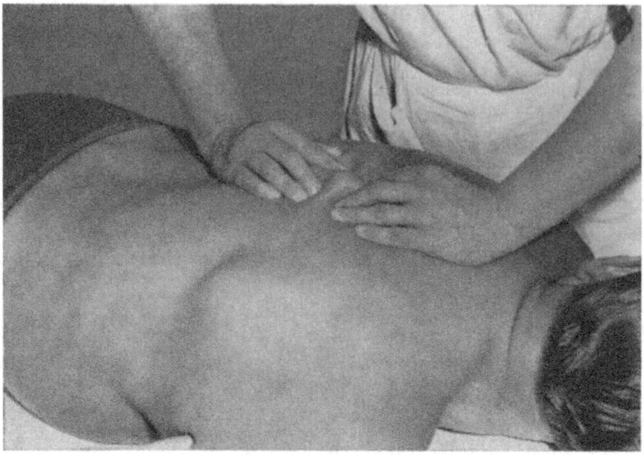

Abb. 40
Zwischendorn-
fortsatzgriff

Unterschulterblattgriff. Zur Behandlung des linken M. subscapularis gibt die linke Hand von ventral her Druck gegen die Schulter und schiebt dabei das Schulterblatt über die Arbeitshand (Abb. 39), die sich supiniert zwischen Schulterblatt und Brustkorb schiebt. In dieser Flügelstellung der Scapula kann mit hautverschiebenden Friktionen die Facies costalis im unteren Drittel gut bearbeitet werden. Richtet man die Handfläche zu den Rippen, können die Interkostalräume unter der Scapula behandelt werden.

Zuggriff. Der Behandler steht rechts neben dem Kopfende der Massagebank. Der Zeigefinger und der Mittelfinger der rechten Hand werden gespreizt, die Fingerkuppen nach kaudal gerichtet und in Höhe der Lendenwirbelsäule beidseits der Dornfortsätze angelegt. Die Haut unter den Fingern wird nach kranial gezogen. Durch den Zug von kaudal nach kranial gleiten die Fingerkuppen jeweils zwischen 2 Querfortsätze. Ein Zurückgleiten oder Schwingen der Fingerkuppen ist zu vermeiden. Beschwerend kann die zweite Hand über die Arbeitshand gelegt werden. Die Arme des Behandlers bleiben gestreckt, damit der Zug durch Rückverlagerung des Körpergewichtes verbessert werden kann.

Zwischendornfortsatzgriff. Der Behandler steht neben der Massagebank. Die Kuppen beider Mittel- und Zeigefinger werden so angesetzt, daß ein Dornfortsatz zwischen den 4 Fingern liegt. Es müssen eine senkrechte und eine waagerechte, gleich große Hautfalte entstehen, in deren Kreuzungspunkt der Dornfortsatz liegt. Jede Hand führt kleine kreisende und gegensinnig verschiebende Bewegungen neben, ober- und unterhalb des Dornfortsatzes mit steigendem Druck aus. Das Gewebe zwischen sämtlichen Dornfortsätzen wird so von kaudal nach kranial behandelt (Abb. 40).

4.3. Aufbau der Segmentmassage

4.3.1. Grundsätze des räumlichen und zeitlichen Vorgehens

Jede Veränderung in der Körperdecke kann Beschwerden und Sensationen in den segmental zugehörigen Organen auslösen. Da die Reflexerscheinungen auch entfernt vom Krankheitsherd und atypisch lokalisiert sein können, muß die gesamte Körperdecke abgesucht und behandelt werden. Der erhobene Tastbefund bestimmt den Behandlungsplan und die Wahl der Griffe und Griffkombinationen.

Die Segmentmassage beginnt mit der Bearbeitung der paravertebralen Zonenbezirke, da erfahrungsgemäß von diesen „Segmentwurzeln" die nachhaltigsten funktionellen Beeinflussungen zu erzielen sind und periphere reflektorische Veränderungen häufig schon dadurch verschwinden.

Stets werden zuerst die kaudalen Zonen bearbeitet und erst danach die Veränderungen in den höheren Segmenten beseitigt.

Prinzipiell sind die Reflexbefunde in den oberflächlichen Geweben vor den in der Tiefe liegenden zu behandeln.

Nach Bearbeitung der Segmentwurzeln werden die Zonen von der Peripherie zur Wirbelsäule hin massiert, die Extremitäten von distal nach proximal.

Unerläßliche Voraussetzung für eine erfolgreiche Segmentmassage sind die richtige Diagnose und die Erfassung wie Behandlung aller tastbaren reflektorischen Veränderungen. Art und Stärke der reflektorischen Strukturen können bei den einzelnen Patienten verschieden sein und sich auch während der Behandlung ändern. Deshalb muß bei jeder Einzelbehandlung gleichzeitig der Tastbefund kontrolliert werden.

4.3.2. Aufbau der regionalen Behandlungen

Grundsätzlich beginnt die Segmentmassage mit der „Dorsalbehandlung". Ihr schließen sich die Behandlungen der besonders betroffenen Regionen an: Becken-, Thorax-, Kopf- und Nackenbehandlung, Behandlung der Extremitäten.

Sind außer den regionalen Zonen auch andere verändert, müssen zu den angegebenen Griffen zusätzlich solche aus den betreffenden Abschnittsbehandlungen angewendet werden.

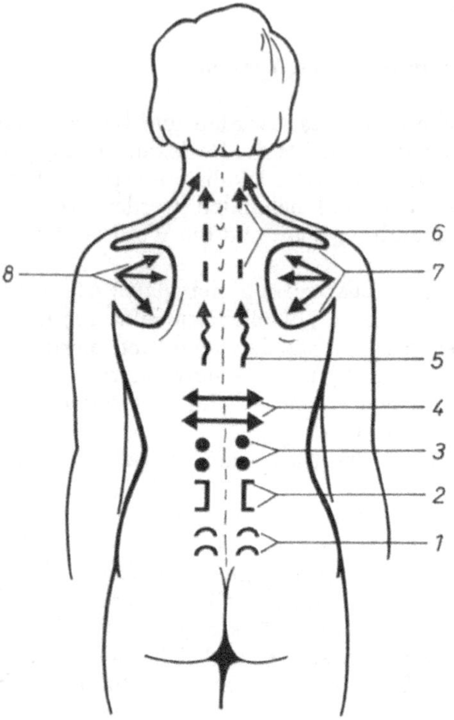

Abb. 41 Aufbau der Dorsalbehandlung

4.3.2.1. Dorsalbehandlung

Die Behandlung erfolgt in entsprechender Bauchlage des Patienten. Nacheinander werden folgende Griffkombinationen ausgeführt (Abb. 41):

1 Anschraubgriff
2 Rollgriff
3 Zwischendornfortsatzgriff
4 Sägegriff
5 Schubgriff
6 Zuggriff
7 Schulterblattumrandung
8 Unter- und Obergrätenmuskelgriff
9 Vibrationen der Rückenmuskulatur.

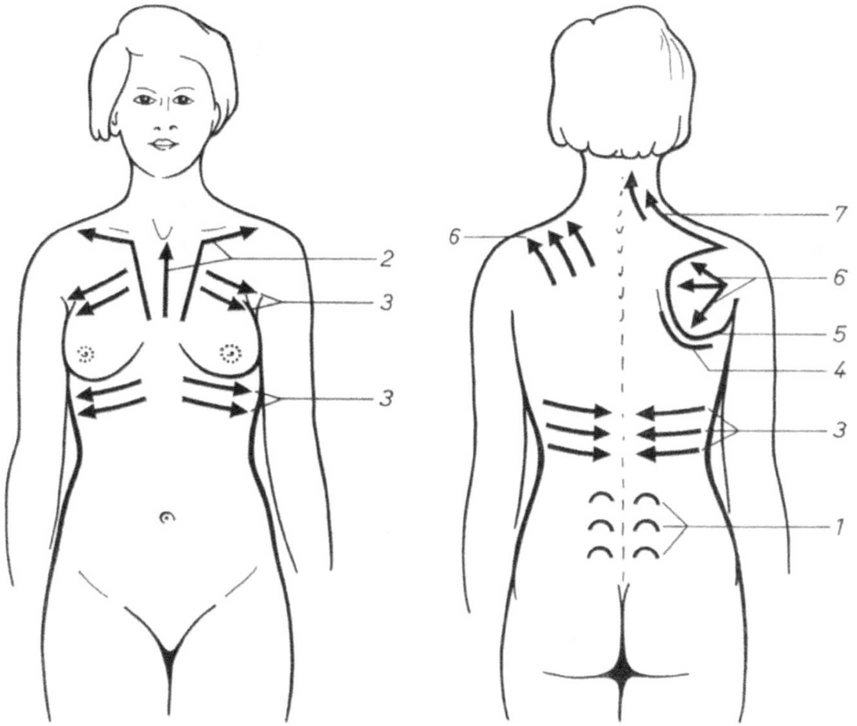

Abb. 42 Aufbau der Thoraxbehandlung

4.3.2.2. Thoraxbehandlung

Die Behandlung erfolgt im Sitzen. Reihenfolge der Griffe (Abb. 42):

1 Anschraubgriff im Sitzen
2 Sternumbehandlung
3 Behandlung der Interkostalräume
4 Unterschulterblattgriff
5 Schulterblattumrandung
6 Unter- und Obergrätenmuskelgriff
7 Trapeziusgriff
8 Vibrationen des Rückens.

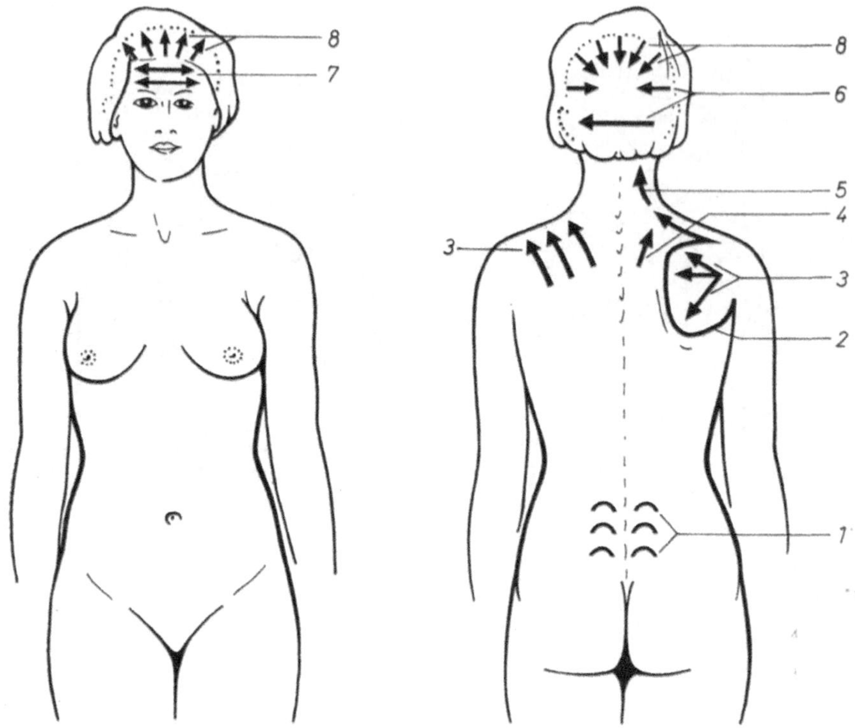

Abb. 43 Aufbau- der Kopf- und Nackenbehandlung

4.3.2.3. Kopf- und Nackenbehandlung

Der Patient sitzt. Reihenfolge der Griffkombinationen (Abb. 43):

1 Anschraubgriff
2 Schulterblattumrandung
3 Unter- und Obergrätenmuskelgriff
4 Trapeziusgriff
5 Behandlung der Nackengewebe
6 Hinterhauptbehandlung
7 Stirnbehandlung
8 Kopfschwartenbehandlung
9 Ausstreichungen von Stirn zum Nacken
10 Abrollender Druck über den Augenlidern.

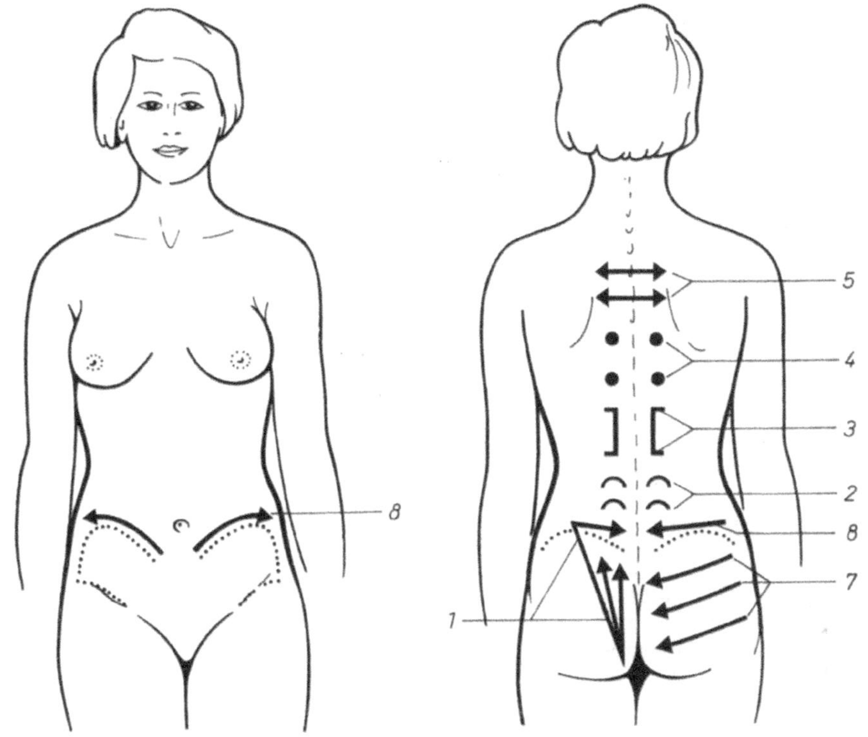

Abb. 44 Aufbau der Beckenbehandlung

4.3.2.4. Beckenbehandlung

Sie erfolgt zuerst im Liegen, anschließend im Sitzen. Reihenfolge der Griffkombinationen (Abb. 44):

Im Liegen

1 Kreuzbeinbehandlung
2 Anschraubgriff
3 Rollgriff
4 Zwischendornfortsatzgriff
5 Sägegriff
6 Beckenschüttelung

Im Sitzen

7 Gesäßbehandlung
8 Darmbeinkammbehandlung
9 Beckenschüttelung im Sitz.

4.3.2.5. Behandlung der Extremitäten

Sie erfolgt im Liegen. Die Extremitäten werden erst nach Behandlung der entsprechenden Wurzelgebiete am Rücken massiert, bevorzugt mit hautverschiebenden Friktionen und kleinen Zirkelungen mit Vibrationen. Stets wird der Oberarm bzw. Oberschenkel vor dem Unterarm bzw. Unterschenkel behandelt, jeweils von distal nach proximal.

Obere Extremität

- Dorsalbehandlung
- Thoraxbehandlung
  besonders zu berücksichtigen: M. erector spinae, Ansatz des M. latissimus dorsi, M. trapezius, M. pectoralis major, M. teres major und minor
- Achselhöhlenbehandlung
- Oberarmbehandlung
- Unterarmbehandlung
- Daumenballenbehandlung

Untere Extremität

- Dorsalbehandlung
- Beckenbehandlung
- Oberschenkelbehandlung
- Unterschenkelbehandlung

4.4. Spezielle Richtlinien für die Dosierung der Segmentmassage

Entscheidend für den Erfolg einer Segmentmassage-Behandlung ist neben dem Erfassen aller und dem Erkennen der pathogenetisch wichtigsten Veränderungen die individuelle Dosierung, d. h. die Anpassung der Reizdosis an die augenblickliche Reaktionslage des Patienten und an die Wertigkeit der einzelnen reflektorischen Erscheinungen.
Die Reizdosis wird bestimmt von der Anzahl und Ansprechbarkeit der gereizten Rezeptoren und dem Zustand der Reizleitungsbahnen. Sie hängt deshalb ab von der Größe des massierten Raumes, dem Ort der Behandlung, der Massagetechnik, der Wertigkeit der einzelnen Gewebsveränderungen, der Behandlungsdauer, der Dauer des Intervalles und der Anzahl der Einzelbehandlungen.
Das Reaktionsvermögen wird beeinflußt vom konstitutionellen Reaktionstyp, von Alter, Beruf, Umwelteinflüssen, Krankheitsart, Krankheitsstadium, hormonalen und psychischen Einflüssen, von zusätzlicher Behandlung u. a.
Im folgenden werden praktische Hinweise für die Dosierung der Segmentmassage gegeben.

4.4.1. Allgemeine Dosierungsparameter für die Segmentmassage

- **Der Bekömmlichkeitstest.** Der gesamte klinische Befund und das subjektive Befinden des Patienten nach einer Segmentmassage bestimmen die weitere Dosierung. Nach einer richtig ausgeführten und dosierten Segmentmassage fühlt sich der Patient leichter und freier. Verstärkung der subjektiven Beschwerden ist ein Zeichen für nicht optimale Ausführung der Segmentmassage.
- **Die vasale Hautreaktion.** Nach richtiger Segmentmassage tritt eine deutliche Rötung der Haut und der behandelten Zonen auf. Stärkere Hautreaktionen oder Hyperalgesien sind nicht erwünscht.
- **Die Schmerzgrenze.** Grundsätzlich bleibt die Segmentmassage unter bzw. nahe der Schmerzgrenze. Unter allen Umständen dürfen keine unerträglichen Schmerzen eintreten.

4.4.2. Spezielle Richtlinien für die Dosierung

- **Das Alter des Patienten.** Kleinkinder sind *mild*, Patienten zwischen 15 und 30 Jahren *kräftig*, zwischen 31 und 55 Jahren *mittelstark*, über 60 Jahre *mild* dosiert zu behandeln.
- **Der Beruf.** Schwerarbeiter sind mit kräftigen Reizen, Büroarbeiter mit mittelstarken zu massieren.
- **Art und Stadium der Erkrankung.** Bei akuten Krankheiten sind milde, bei chronischen stärkere Reize anzuwenden. Im allgemeinen ist bei Erkrankungen des Herzens, des Magens und des Dünndarms mild, bei Erkrankungen der Leber und der Galle mittelstark, bei Erkrankungen der Genitalorgane, des Kolons und der Lunge kräftig zu dosieren.
- **Die Art der Gewebsveränderungen.** Es verlangen *milde* Dosis muskulärer Hypertonus, oberflächliche Hyperalgesie, *mittlere* Dosis muskuläre Hyperalgesie, starke Muskelatrophie, Hypertonie des Kolons.
- **Die Wertigkeit der Reflexerscheinungen.** Sehr irritierte Zonen und Maximalpunkte müssen *milder* als ihre Umgebung massiert werden, weil die Schaltstellen im Rückenmark bereits sehr empfindlich, die Reflexe bereits gebahnt sind. Unterschwellig veränderte Zonen verlangen *kräftigere* Reize.
- **Die Druckstärke.** Die Druckstärke soll von der Oberfläche nach der Tiefe zu-, von kaudal-lateral nach kranial-medial dagegen abnehmen. Sie ist zweckmäßigerweise von Sitzung zu Sitzung allmählich zu steigern, wenn keine Gegengründe vorliegen.
- **Die Behandlungsdauer.** Die durchschnittliche Behandlungsdauer einer Segmentmassage ist mit 20 min anzusetzen. Bei akuten Krankheiten ist oft eine kürzere Behandlung angezeigt. Alte Patienten benötigen eine *längere* Dauer der Behandlung, da die Reaktionsgeschwindigkeit ihres Nerven- und Gefäßsystems verlangsamt ist.

- **Das Intervall.** Im allgemeinen sind 2–3 Segmentmassagen wöchentlich angebracht. Gegen eine tägliche Behandlung bestehen keine grundsätzlichen Bedenken, wenn die Dosierung entsprechend angepaßt wird.
- **Die Gesamtzahl der Massagen.** Das Ziel der Segmentmassage ist, alle erfaßbaren reflektorischen Veränderungen zu beseitigen. Die dazu benötigte Zahl der Einzelbehandlungen ist bei den einzelnen Patienten und Krankheiten verschieden. Wenn alle reflektorischen Erscheinungen beseitigt sind, muß die Segmentmassage abgesetzt werden, weil bei weiteren Behandlungen erneut Veränderungen und Beschwerden auftreten können. Durchschnittlich werden pro Behandlungsserie 6–12 Einzelbehandlungen benötigt.

4.5. Wirkungen der Segmentmassage

4.5.1. Erstrebte Reaktionen

Durch die bewußte Ausnutzung der Regeleinrichtungen und Wechselbeziehungen im Körper ist das Wirkungsfeld der Segmentmassage gegenüber der klassischen Massage erweitert.

Als Hauptreaktionen lassen sich klinisch wie experimentell objektivieren:
- Anhaltende Hyperämie in den segmentär zusammengeschlossenen Geweben und Organen, auch bei nur teilweise Segmentmassage der entsprechenden Zonen (Abb. 45).

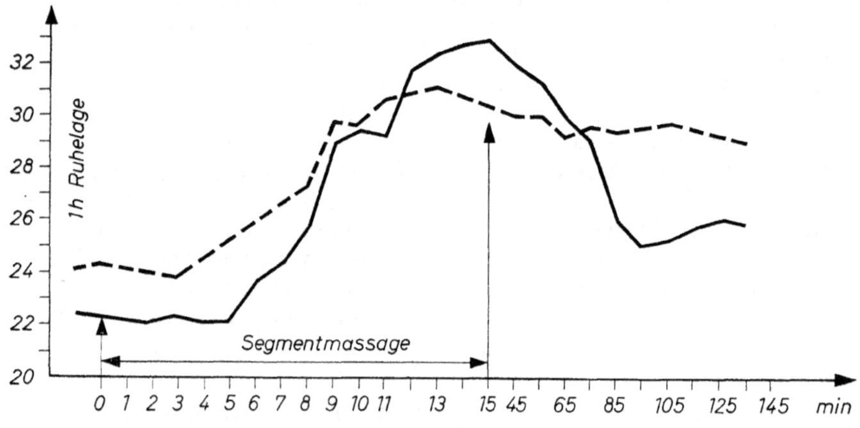

Abb. 45 Hauttemperaturen nach Segmentmassage
Massageorte: Rücken, Schulter, Nacken, M. pectoralis major
Meßorte: Stirn über Nasenwurzel, Sternum
Elektrisches Hautthermometer RFT. Raumtemperatur konstant 24 °C

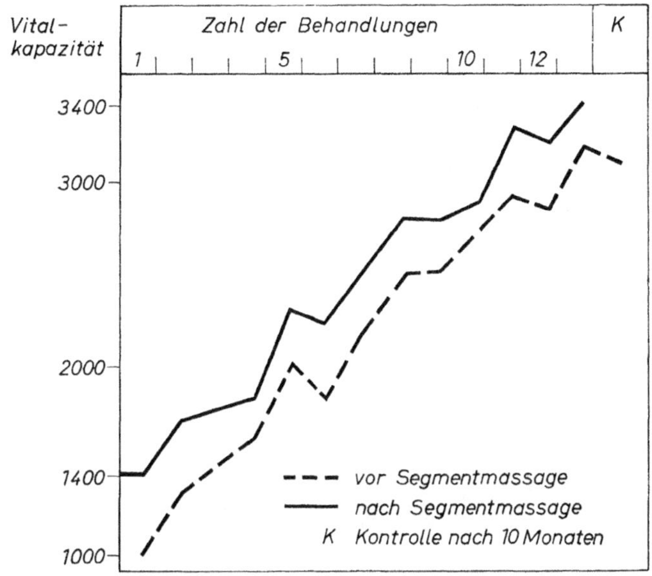

Abb. 46 Anstieg der Vitalkapazität nach Segmentmassagen bei Emphysembronchitis. Sollwert: 3800 ml, Istwert: 1000 ml (nach Geßner)

- Beseitigung von Verspannungen und Verkrampfungen in den Geweben und Organen, z. B. Muskulatur, Bindegewebe, Gefäßen, Magen-Darm-Trakt, Genitalbereich (Parametropathia spastica).
- Tonisierung hypotoner Gewebe und Organe (Muskeln, Kolon u. a.).
- Normalisierung und Anregung der Funktion der Gewebe und Organe: Anregung der Peristaltik und des Tonus des Magen-Darm-Trakts, Erhöhung der Vitalkapazität der Lungen (Abb. 46). Erhöhung der Thoraxexkursionen, Verstärkung der Diurese u. a.
- Normalisierung des vegetativen und hormonalen Systems: Ausgleichung pathologischer elektrodermatographischer Kurven, Schmerzbeseitigung, häufig Vorverlagerung der Menstruation um 2–3 Tage, Beeinflussung des ovariellen Zyklus, Förderung der Milchsekretion.
- Steigerung der körperlichen Leistungsfähigkeit: Erhöhung der Ergometerwerte, Senkung des oxydativen Stoffwechsels (Abb. 47).

Die Segmentmassage entbindet keineswegs von der Pflicht zur kausalen Behandlung. Als rationale Methode vermag sie aber den Verlauf vieler Krankheiten und Funktionsstörungen abzukürzen.

Sie ist deshalb indiziert, wenn

- Veränderungen in der Körperdecke vorhanden sind, die der Massage zugänglich sind,

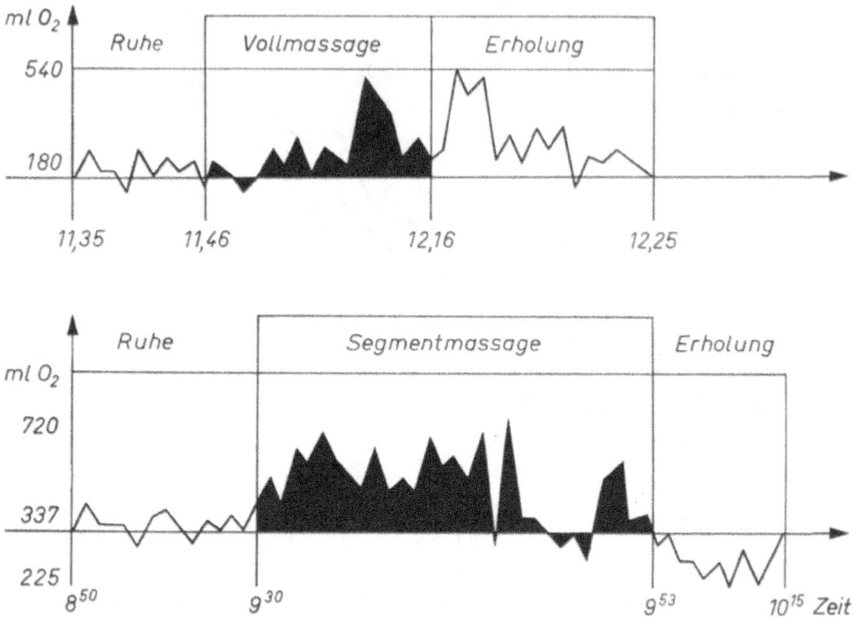

Abb. 47 Sauerstoffverbrauch nach klassischer Massage und Segmentmassage (nach Böhlau)

- Förderung der Durchblutung und Resorption, Tonisierung bzw. Detonisierung der Muskulatur, des Bindegewebes oder der Organe sowie Schmerzstillung oder -linderung erreicht werden sollen.
- Dysregulationen des nervalen oder hormonalen Systems eine Normalisierung verlangen,
- körperliche Leistungssteigerung erstrebt wird.

Als **Hauptindikationen** haben sich erwiesen:

- arterielle und venöse Durchblutungsstörungen der peripheren wie der Organgefäße,
- Folgezustände nach Distorsionen und Frakturen,
- funktionelle, degenerative und chronisch-rheumatische Erkrankungen der Gelenke und der Wirbelsäule,
- Dysregulationen des Vegetativums und des Endokrinums,
- funktionelle und entzündliche Erkrankungen der inneren Organe,
- Steigerung der körperlichen Leistungsfähigkeit.

Entsprechend den vertretenen Prinzipien, nach Möglichkeit kausal zu therapieren, die Segmentmassage gezielt einzusetzen und die Reizdosis wie -verteilung dem Gesamtbefinden und der augenblicklichen Reaktionslage des Kranken individuell anzupassen, gelten als **Kontraindikationen**

- alle hochfieberhaften Allgemeininfektionen,
- alle akuten Erkrankungen der inneren Organe und Gewebe, die sofortiges chirurgisches Eingreifen verlangen (z. B. Appendizitis, Gallenblasenempyem, Peritonitis, Magen-Darm-Perforationen u. a.),
- die lokale Massage akut entzündeter Gewebe der Körperdecke und die Thrombophlebitis. Segmentmassagen bei diesen Erkrankungen von den nicht betroffenen Segmentwurzeln aus oder unter Ausnutzung der konsensuellen Reaktion sind dabei möglich.

4.5.2. Unerwünschte Reaktionen

Durch fehlerhafte technische Ausführung und/oder nicht angepaßte Dosierung können bei der Segmentmassage unerwünschte Reaktionen auftreten, die sich in Herzsensationen, Erbrechen, Durstgefühl, Schwindel, Kopfschmerzen usw. äußern. Bisher sind 19 derartige Fehlreaktionen bekannt (vgl. Abschn. 5.6.). Der Behandler muß diese Gefahren kennen und sie durch Ausgleichsbehandlung vermeiden oder beheben.

Aufgaben

1. Erklären Sie die Ziele und Prinzipien der Segmentmassage!
2. Nennen Sie gewebsadäquate Griffe der Segmentmassage für
   - muskuläre Veränderungen,
   - bindegewebige Veränderungen,
   - periostale Veränderungen!
3. Zählen Sie einige spezielle Griffkombinationen auf!
4. Erläutern Sie die Grundsätze des räumlichen und zeitlichen Vorgehens beim Aufbau der Segmentmassage!
5. Nennen Sie die typischen Griffkombinationen für die
   - Dorsalbehandlung,
   - Thoraxbehandlung,
   - Kopf- und Nackenbehandlung,
   - Beckenbehandlung,
   - Behandlung der Extremitäten!
6. Wovon wird die Reizdosis bestimmt?
7. Wodurch wird das Reaktionsvermögen beeinflußt?
8. Nennen und erläutern Sie die Dosierungsparameter der Segmentmassage!
9. Erläutern Sie die Wirkungsweise der Segmentmassage!

5. Bindegewebsmassage

Die Massage reflektorischer Zonen im Bindegewebe – im allgemeinen Sprachgebrauch als Bindegewebsmassage bezeichnet – wurde von Elisabeth Dicke 1929 bei einer eigenen Angiopathie gefunden und entwickelte sich empirisch.
Dicke fand bei Erkrankungen der inneren Organe und Organsysteme im zugehörigen Segment erhöhte Spannungen im interstitiellen Bindegewebe in 3 Verschiebeschichten: Kutis zu Subkutis, Subkutis zur Faszie und an der Körper- und Extremitätenfaszie selbst (s. Abschn. 2.4.2.). Diese *erhöht gespannten Gewebsabschnitte* werden als **Bindegewebszonen** bezeichnet. Der ziehende Finger empfindet dort, wo eine Bindegewebszone vorhanden ist, einen erhöhten Widerstand. Die Verschiebbarkeit des interstitiellen Bindegewebes ist bei funktionellen Störungen und Erkrankungen der inneren Organe und Organsysteme herabgesetzt oder fehlt ganz (z. B. bei schweren Angiopathien).
Die **Technik der Bindegewebsmassage** unterscheidet sich von allen anderen Massagemethoden. Sie wird mit den Fingerkuppen (Fingerbeeren) des 3. und 4. Fingers unter Zugreiz im Bindegewebe ausgeführt. Dabei entsteht dort, wo eine Bindegewebszone ausgeprägt ist, ein charakteristisches, helles Schneide- oder Ritzempfinden „als ob mit dem Fingernagel massiert würde" (s. Abschn. 5.5.).
Je nach der Verschiebeschicht, in der die Arbeitsgänge ausgeführt werden, unterscheidet man folgende Techniken:

- Hauttechnik – zwischen Haut und Unterhaut
- Unterhauttechnik – zwischen Unterhaut und Faszie
- Faszientechnik – an der Faszie.

Allen 3 Formen ist der Zugreiz gemeinsam. Bei der technischen Ausführung ergeben sich Unterschiede durch verschieden lange Arbeitsgänge, durch oberflächlichere oder tieferliegende Zugintensität und durch unterschiedliche Innervation (Abschn. 5.3.2.).
In der Therapie werden diese 3 Techniken entsprechend dem Krankheitsbild und dem Befund eingesetzt.

5.1. Technische Voraussetzungen

5.1.1. Ausgangsstellungen

Die Bindegewebsmassage wird im Sitzen, aus der Seiten- und aus der Rückenlage des Patienten ausgeführt.

Bindegewebsmassage im Sitzen

Ausgangsstellung des Patienten: Sitz auf einem Hocker – die Gesäßmuskulatur darf dabei nicht über den Hockerrand hängen. Die Füße sind fest aufgestellt, Ober- und Unterschenkel befinden sich im rechten Winkel, die Hände liegen locker auf den Oberschenkeln, das Becken ist leicht gekippt, der Rükken ist in einer mittleren Spannung.
Ausgangsstellung des Behandlers: Behandler sitzt auf einem niedrigeren Hokker hinter dem Patienten.

Bindegewebsmassage aus der Seitlage

Ausgangsstellung des Behandlers: Behandler steht oder sitzt vor bzw. hinter dem Patienten.

Bindegewebsmassage aus der Rückenlage

Arbeitsgänge an der unteren Extremität, an der vorderen Rumpfseite, am Hals und im Gesicht werden aus der Rückenlage ausgeführt.
Ausgangsstellung des Behandlers: Behandler steht oder sitzt seitlich vom Patienten, bei der Hals- und Gesichtsbehandlung am Kopfende.

Beachte

- Die Bindegewebsmassage aus Bauchlage ist nicht zu empfehlen (von Ausnahmen abgesehen; s. Abschn. 5.3.6.).
  Der Behandler müßte zuviel Gegenspannung geben, die einen unnötigen Kraftaufwand bedeutet.
- Bevorzugt wird die Seitenlage gegenüber der Arbeit auf dem Hocker, weil
  - der Patient im allgemeinen entspannt ist,
  - der Behandler mit physiologischer und damit ökonomischer Finger-, Hand-, Arm- und Schulterhaltung aus der Diagonalen arbeiten kann. Überanstrengungsschäden werden dadurch vermieden,
  - der Behandler seine Ausgangsstellung sofort dem auszuführenden Arbeitsgang anpassen kann.
- Bettlägerige, Hyper- und Hypotoniker, alte Menschen und vegetativ labile Patienten (größter Anteil der zu behandelnden Patienten) werden *immer aus der Seitlage* behandelt. Unerwünschte vegetative Reaktionen werden bei dieser Ausgangsstellung weitgehend vermieden.
- Der Behandler soll möglichst viel sitzen, um Kraft zu sparen.

Der Behandler steht oder sitzt auf der Seite, die behandelt wird (z. B. rechtes Schulterblatt – rechte Seite). Sonst spricht man von der Gegenseite.

5.1.2. Haltung der Hände

Die Bindegewebsmassage wird in der Regel mit den Fingerkuppen des 3. und 4. Fingers, evtl. auch nur mit einem Finger ausgeführt. Sie können mit den radialen, mit den ulnaren Fingerseiten und mit der ganzen Fingerkuppe aufgesetzt werden. Die Fingernägel sollen kurz sein. Eventuell auftretende Hornhaut ist mit einem Bimsstein zu entfernen.
Die *Finger* sind adduziert und unmerklich flektiert. Daumen und Zeigefinger dürfen nicht abduziert, verkrampft oder eingekrallt werden.
Das *Handgelenk* befindet sich in leichter ulnarer oder radialer Abduktion und ist fast gestreckt.
Der *Zugreiz* erfolgt aus dem ganzen Arm, keinesfalls nur aus den Fingern, der Hand oder dem Unterarm.
Die *gleichseitige Hand* ist diejenige Hand, die mit der zu behandelnden Seite des Patienten übereinstimmt (z. B. rechter Kreuzbeinrand – rechte Hand). Die andere Hand wird als *Gegenhand* bezeichnet.
Bei stark verspanntem Gewebe wird die nicht arbeitende Hand als sog. *unterstützende Hand* um das Handgelenk der arbeitenden gelegt. Dadurch verteilt sich die Zugkraft auf beide Arme.

5.1.3. Feststellung der Bindegewebszonen

Vor Beginn einer Behandlungsserie werden die sicht- und tastbaren Bindegewebszonen (s. Abschn. 2.4.2.) festgestellt. Der Patient sitzt auf einem Hocker (s. Abschn. 5.1.1.).

Abbildung 48 zeigt schematisch die sichtbaren Bindegewebszonen:

die Blasenzone – eine etwa fünfmarkstückgroße Einziehung am oberen Rand der Analfalte; subjektive Beschwerden z. B. kalte Füße bis zum Knie, reizempfindliche Blase;
- *die arterielle Beinzone* – schnurartige Einziehung am Gesäß auf der Seite der Erkrankung; subjektive Beschwerden z. B. Wadenkrämpfe;
- *die Darmzone* 1 – bandförmige Einziehung vom mittleren Drittel des Kreuzbeinrandes schräg nach außen unten; subjektive Beschwerden: Obstipation;
- *die Venen-Lymphzone der Beine* – bandförmige Einziehung eine Handbreite unterhalb der Crista iliaca vom mittleren Drittel des Kreuzbeines parallel zur Crista zur Hüfte verlaufend; subjektive Beschwerden z. B. Ödemneigung, Ulcus cruris;
- *die Genitalzone* 1 – flächige Einziehung zwischen den Iliosakralgelenken; subjektive Beschwerden z. B. Dysmenorrhoe;

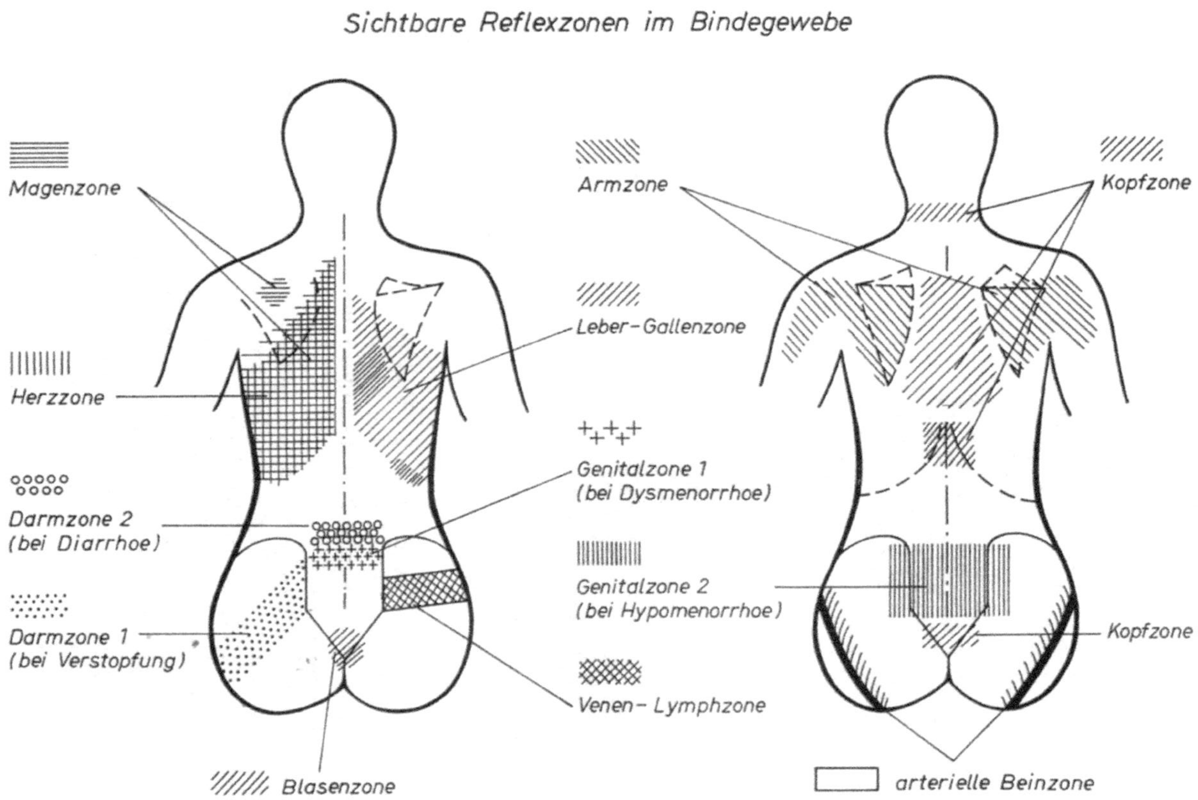

Abb. 48 Sichtbare Bindegewebszonen schematisch

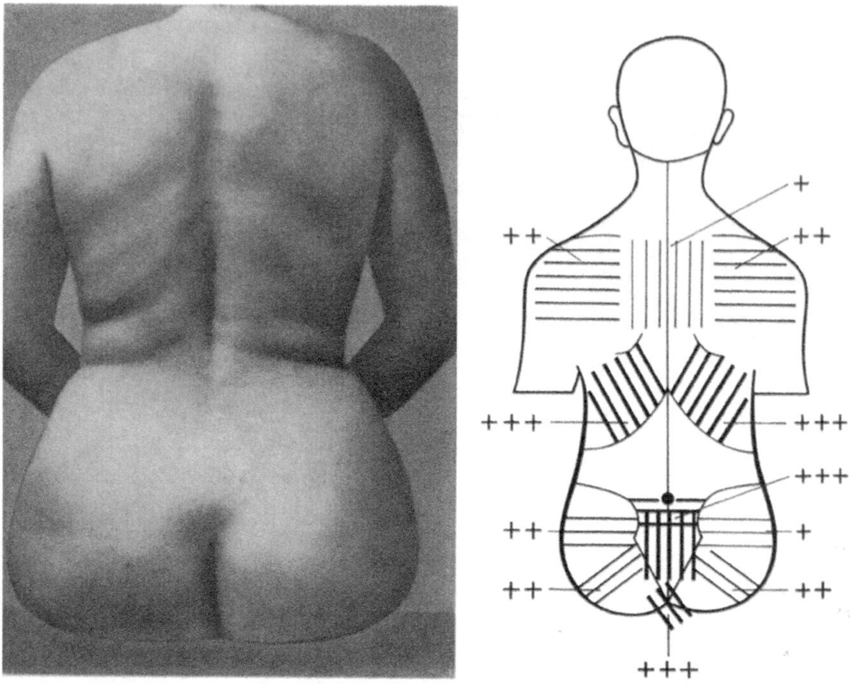

Abb. 49 Sichtbare Bindegewebszonen
a) am Patienten
b) Einzeichnung in die Umrißkarte

- *die Genitalzone* 2 – eine großflächige Einziehung über das gesamte Kreuzbein bis zu den Hüften, der Rücken erscheint reliefarm; subjektive Beschwerden z. B. unregelmäßige Periode – meist verlängerte Intervalle, sekundäre Amenorrhoe;
- *die Darmzone* 2 – flächige Einziehung oberhalb der Crista iliaca im lumbodorsalen Quadrat etwa in gleicher Breite wie die Genitalzone 1; subjektive Beschwerden: Neigung zu Diarrhoe;
- *die Leber-Galle-Zone* – großflächige Einziehung auf der rechten Thoraxseite; subjektive Beschwerden z. B. Abneigung gegen fettes Schweinefleisch, Völlegefühl nach dem Essen, Neigung zu Meteorismus;
- *die Herz-Magen-Zone* – großflächige Einziehung auf der linken Thoraxseite; subjektive Beschwerden z. B. Magendruck vor dem Essen, funktionelle Herzstörungen;
- *die Kopfzone* – Einziehung vor allem zwischen den Schulterblättern, rechteckige Einziehung oberhalb der Blasenzone (Beziehung zur Blase), Einziehung im Wirbelsäulenrippenwinkel (Beziehung zu den inneren Organen),

an der Linea nuchalis superior nach Kopftraumen; subjektive Beschwerden z. B. Kopfschmerzen verschiedener Ätiologie;
- *die Armzone* – flächige Einziehung auf den Schulterblättern der erkrankten Seite; subjektive Beschwerden z. B. Brachialgie.

Die Abbildungen 49a und 49b zeigen ein Beispiel der sichtbaren Bindegewebszonen und die Einzeichnung in die Umrißkarte. Sehr deutlich sichtbare Bindegewebszonen werden mit +++, deutliche mit ++, angedeutete mit + und klinisch „stumme“ mit einem Kreis angegeben.
Das Befragen des Patienten nach subjektiven Beschwerden und organischen Erkrankungen darf nicht in Suggestivform erfolgen. Es ist aber notwendig, weil nicht nur „diagnostische Zonen“, d. h. der Diagnose des Arztes entsprechende Zonen gefunden werden, sondern darüber hinaus auch andere Bindegewebszonen, die therapeutisch wichtig sind (sog. „therapeutische Zonen“). Sie können als Störfeld wirken (z. B. eine Leber-Galle-Zone kann Armbeschwerden oder Kopfschmerzen „unterhalten“). Die sog. „klinisch stummen Zonen“, die weder subjektive noch objektive Beschwerden machen, werden in der Regel zu therapeutischen Zonen, d. h., sie sind in jedem Falle in die Behandlung einzubeziehen.
Die fasziennahen Bindegewebszonen verringern ihre Spannung während einer Behandlungsserie, bleiben jedoch als Ausdruck der vegetativen Labilität auch dann noch sichtbar, wenn die Beschwerden abgeklungen sind.
Es können bei vorhandenen Bindegewebszonen funktionelle Störungen vorliegen (daher die Frage nach subjektiven Beschwerden) oder auch organische Erkrankungen vorangegangen sein, sie können aber auch nur als Ausdruck einer vegetativen Labilität gewertet werden.

5.2. Flächige Bindegewebsmassage

Die flächige Bindegewebsmassage wurde nicht von Dicke entwickelt, sondern entstand in Verbindung mit der Krankengymnastik bei inneren Erkrankungen.
Wenn das Körperdeckengewebe prall verspannt und kaum von der Körperfaszie abhebbar ist, werden durch flächiges Verschieben das Unterhautbindegewebe und die darunterliegende Muskulatur weich bearbeitet. Die Muskeln werden gewissermaßen „durchbewegt“. Meist kommt es spontan zu einer Entspannung an der Körperfaszie.
Beim flächigen Verschieben wurde festgestellt, daß dabei gewisse Stoffwechselreaktionen, aber auch Einfluß auf funktionelle Störungen innerer Organe erreicht werden. So wurde die flächige Bindegewebsmassage in den Therapieplan vor allem bei rheumatischen Erkrankungen aufgenommen.

5.2.1. Technik

Die Technik besteht aus einem *flächigen Verschieben* des Bindegewebes vom Knochen-, Muskel oder Faszienrand weg.

Ausgangsstellung. Der Patient liegt auf der Seite, der Behandler steht oder sitzt hinter dem Patienten.

Ausführung. Beide Daumen werden mit den sich berührenden Fingerkuppen in Längsrichtung z. B. des Kreuzbeinrandes aufgesetzt. Die Finger beider Hände liegen abduziert auf den Glutäen etwa 5 cm entfernt vom Knochenrand.
- Die Finger schieben die Unterhaut gegen die fest aufgestellten Daumen,
- die Daumen schieben die Unterhaut bis zur möglichen Verschiebungsgrenze vom Knochenrand weg gegen die Faszie (etwa 1–3 cm),
- nun werden Daumen und Finger abgehoben und in gleicher Weise etwas weiter gesetzt.

Beachte

- daß Daumen und Finger nicht gleichzeitig arbeiten, weil sonst das Gewebe gequetscht wird,
- daß beim Verschieben mit dem Daumen das Handgelenk nicht gedreht wird, sonst kommt es zu einer Knetung,
- daß fasziennah und nicht nur oberflächlich verschoben wird,
- daß beim Behandeln verschoben und nicht gedrückt wird,
- daß kein Schneideempfinden ausgelöst wird.

5.2.2. Arbeitsgänge

Am Kreuzbeinrand. Erläuterung siehe oben. Die Arbeitsgänge beginnen analfaltennah und enden am unteren Rand des Iliosakrakgelenkes. Beachte Bindegewebszone, z. B. Blasenzone.

Am Iliosakralgelenk. Die Finger und Daumen werden wie am Kreuzbeinrand aufgesetzt. Die Arbeitsgänge enden am oberen Rand des Iliosakralgelenkes.

Beachte

- Bei Quellungen Vorsicht! Ohne Druck arbeiten, sonst kommt es zu Fehlreaktionen in Form von dumpfen Kreuzschmerzen.

Vom Kreuzbeinrand bis zum Trochanter major. Ansatz wie am Kreuzbeinrand. In kleinen Schüben wird das Gewebe über das Gesäß bis zum Trochanter durchgearbeitet.

Beachte

- Die Finger immer neu aufsetzen.

Vom Iliosakralgelenk parallel bis zur Spina iliaca anterior superior. Wie soeben beschrieben, wird das Gewebe in kleinen Schüben bis zur Spina bewegt.

Am Trochanter major. Die Daumen werden im dorsalen Trochanterbereich – etwa am Ansatz des M. glutaeus maximus – aufgesetzt, die Finger an der ventralen Seite. Das Gewebe wird fasziennah bis zum Trochanter durchgearbeitet.

Beachte

- Das Gewebe über dem Trochanter ist oft gequollen und druckempfindlich. Es ist schwer verschieblich. Deshalb ist besonders gutes technisches Arbeiten erforderlich.
- Wenn durch die Arbeitsgänge am Kreuzbeinrand und am Iliosakralgelenk unerwünschte Reaktionen im Kreuzbeinbereich, am Oberschenkel oder im ganzen Bein (z. B. Druckempfindungen, Parästhesien) auftreten, können diese durch den Arbeitsgang am Trochanter major beseitigt werden.

Arbeitsgänge von den Processus spinosi zur Körperseite. Diese Arbeitsgänge sind vor allem im Lendenbereich wichtig, können aber auch bis zum unteren Schulterblattwinkel ausgeführt werden. Die Daumen liegen in der Längsrichtung der Wirbelsäule an den Dornfortsätzen, die Finger am lateralen Rand des M. erector spinae. Das Gewebe wird an den Muskel herangeholt und mit dem Daumen über den Muskel hinweggehoben. So arbeitet man sich langsam und schubweise quer über den Rücken bis zur Axillarlinie.

Arbeitsgänge am M. erector spinae. Die Daumen liegen in der Längsrichtung an den Dornfortsätzen, die Zeigefinger am lateralen Rand des Muskels. Das Gewebe wird gegen die Daumen herangeholt und mit den Daumen an den medialen Rand des Muskels verschoben Es ist nur ein kleiner Verschiebeweg. Die Durcharbeitung erfolgt bis in die Höhe des kaudalen Schulterblattwinkels. Wichtig sind diese Arbeitsgänge vor allem im Bereich der Lendenwirbelsäule.

Arbeitsgänge vom medialen Schulterblattrand nach lateral: Die Daumen werden exakt am Schulterblattrand aufgesetzt, nicht im Gewebe zwischen Schulterblatt und Wirbelsäule. In kleinen Schüben wird das Gewebe bis zum Akromion verschoben.

Beachte

- daß nie mit Druck gearbeitet wird! Gefahr von Parästhesien in den Armen und Händen.

5.2.3. Wirkungsweise

Es entstehen durch die flächige Bindegewebsmassage vor allem eine Anregung des Stoffwechsels, eine bessere Durchblutung, ein Nachlassen der Spannung im Bindegewebe (wenn der Zugreiz zu kraftaufwendig ist) und gewisse nervale Reaktionen als Folge der Stoffwechselreaktion.

5.3. Unterhaut- und Faszientechnik

Die Ausgangsstellung und Handhaltung des Behandlers werden für die Arbeitsgänge am liegenden Patienten bei der Behandlung der rechten Seite angegeben. Ist kein besonderer Hinweis bei der Beschreibung zu finden, werden die Arbeitsgänge mit der Unterhauttechnik ausgeführt. Die Arbeitsgänge am sitzenden Patienten sind aus Abb. 50 zu ersehen. Der Behandler steht oder sitzt dabei schräg hinter dem Patienten. Die Arbeitsgänge am Os sacrum werden gegen den Knochenrand gezogen. Die Pfeilrichtung auf den Abbildungen gibt die Richtung des Zugreizes bzw. das Ende des Arbeitsganges an.
Als *Arbeitsgang* wird das Aufsetzen der Fingerbeeren, das Verschieben des Gewebes und die Ausführung der therapeutischen Zuges im Bindegewebe bezeichnet.

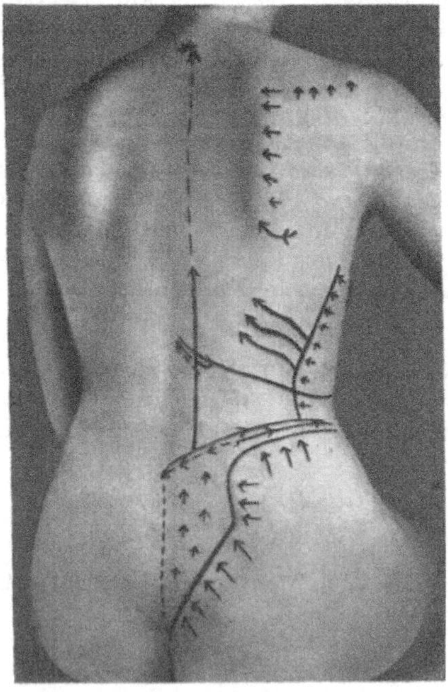

Abb. 50
Unterhaut- und Faszientechnik am sitzenden Patienten

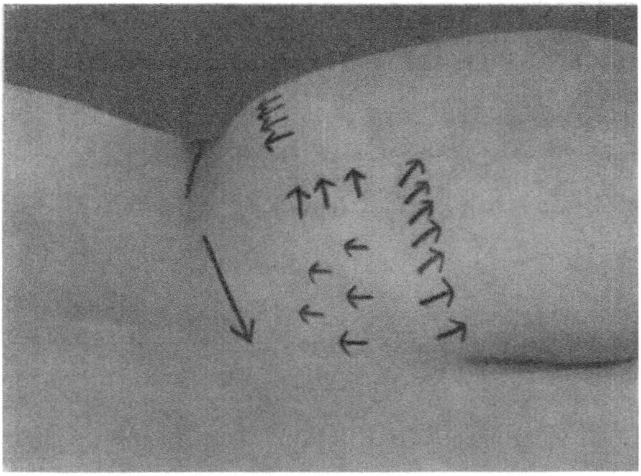

Abb. 51
Kurze Arbeitsgänge

Unter „*therapeutischem Zug*“ versteht man das Spannen (Ziehen) des Bindegewebes, bei dem das Schneideempfinden sofort einsetzt, wenn eine Bindegewebszone vorhanden ist. Bei dieser Spannung wird kein „Weg“ mehr zurückgelegt (d. h., es erfolgt keine Verschiebung), sondern nur noch ein „Zug“ ausgeführt.
Als „therapeutischer Zug“ wird der Zugreiz deshalb bezeichnet, weil erst damit die therapeutische Wirkung erzielt wird.
Die Arbeitsgänge werden langsam ausgeführt, da jeder Reiz Zeit braucht um beantwortet zu werden.
Die Unterhauttechnik wird zwischen Subkutis und Faszie, die Faszientechnik an der Faszie ausgeführt.
Unterhaut- und Faszientechnik sind durch gleiche Innervation ein Komplex.

Die **Unterhauttechnik** wird ausgeführt als

- *kurze Arbeitsgänge* rechtwinklig zum Knochen-, Muskel- oder Faszienrand. Sie werden immer dicht nebeneinander gesetzt (Abb. 51);
- *langer Arbeitsgang* – auch als Längsgang bezeichnet – in der Längsrichtung von Knochen-, Muskel- oder Faszienrand.

Bei der Unterhauttechnik arbeitet man in *3 Phasen:*

- Aufsetzen der Finger zwischen Unterhaut und Faszie – je nach Gewebsspannung einige Zentimeter von Knochen-, Muskel- oder Faszienrand entfernt. Der Patient darf dabei keinen Druck empfinden.
- Verschieben der Unterhaut bis zur möglichen Verschiebungsgrenze – dieser „Weg“ kann je nach Gewebsspannung 1–3 cm betragen. Der Patient empfindet dabei lediglich die Spannung, die im Gewebe ausgelöst wird.
- Therapeutischer Zug, bei dem sofort das mehr oder weniger scharfe Schneideempfinden eintritt. Dabei darf der Patient keinen Druck empfinden.

Bei der **Faszientechnik** wird in *2 Phasen* gearbeitet:

- Aufsetzen der Finger tief im Gewebe am Faszienrand – für den Patienten kein Druck- oder Schneideempfinden.
- Therapeutischer Zug ohne Verschieben! – helles, scharfes Schneiden tritt sofort ein, das oft als „messerscharf" empfunden wird.

Bei der Faszientechnik wird nur mit kurzen Arbeitsgängen gearbeitet.

Beachte

- daß die Finger nicht mit Druck aufgesetzt werden,
- daß der Finger bei einer Bindegewebszone nicht aus dem subkutanen Bindegewebe herausrutscht,
- daß beim therapeutischen Zug eine Zugkraft und kein Druck ausgeübt werden darf,
- daß nicht über den Knochen-, Muskel- oder Faszienrand hinweggezogen wird,
- daß das Gewebe fasziennah und nicht nur oberflächlich verschoben wird,
- daß der Längsgang nicht zur Streichung wird, weil der Behandler aus dem Zugreiz gekommen ist. Zur Kontrolle wird der Patient nach dem Schneideempfinden gefragt,
- daß nicht zu schnell gearbeitet wird – Gefahr von unerwünschten Reaktionen.

Unerwünschte Reaktionen treten relativ selten am Anfang einer Behandlungsserie auf. Der Physiotherapeut soll jedoch wissen, daß solche Situationen vorkommen können und wie er sie beseitigen kann.
Die Ursachen dafür liegen meist beim Behandler und können vermieden werden. Erfahrungsgemäß sind es technische Fehler – zu schnelles Arbeiten, dem Patienten nicht angepaßter Behandlungsverlauf. Aus welchem Grunde Patienten fehlreagieren, z. B. trotz einwandfreier Technik statt des „Schneidens" (s. Abschn. 5.5.1.) dumpfen Druck empfinden, ist noch nicht erklärbar.
Hinweise auf Fehlreaktionen sind z. T. auch unter „Beachte" zu finden.

Aufgaben

1. Üben Sie den therapeutischen Zug an sich selbst!
   Setzen Sie sich erhöht auf die Behandlungsbank oder auf einen Tisch, stellen Sie die Füße auf einen Hocker. Ihre Fingerkuppen tasten Sie am dorsalen Rand des M. tractus iliotibialis tief ins Gewebe ein. Die Fingerkuppen bleiben fest am Muskelrand. Durch Außenrotation des Beines wird der therapeutische Zug ausgelöst (Faszientechnik), und es tritt in der Regel ein helles, scharfes Schneiden ein.

2. Üben Sie das in gleicher Weise auch am Partner!
   Nicht die Hand dorsal flektieren, die Finger nicht einkrallen, nicht rutschen, nicht drücken!
3. Üben Sie an sich die Unterhauttechnik!
   Ausgangsstellung wie oben. Finger neben dem Ligamentum patellae einsetzen etwa 1 cm von der Patella entfernt – Verschieben des Gewebes zur Patella – therapeutischer Zug.
   Die Patella begrenzt das Verschieben. Halten Sie den therapeutischen Zug über einige Sekunden, ohne zu rutschen. Lösen Sie den Finger, indem Sie mit dem Gewebe bis zum Ausgangspunkt zurückgehen.

5.3.1. Arbeitsgänge im Kreuzbein-Becken-Bereich

Am Kreuzbeinrand. Patient liegt in Seitlage, Behandler steht vor dem Patienten.
Die Finger der Gegenhand werden analfaltennah am Knochenrand aufgesetzt, das Gewebe wird gegen die Glutäalfaszie verschoben, der therapeutische Zug erfolgt gegen die Faszie. Die Arbeitsgänge werden bis an den unteren Rand des Iliosakralgelenkes ausgeführt.

Kurze Arbeitsgänge vom unteren bis zum oberen Rand des Iliosakralgelenkes. Ausführung wie am Kreuzbeinrand. Handwechsel ist möglich.

Kurze Arbeitsgänge auf dem Kreuzbein mit der gleichseitigen Hand. Der Behandler steht schräg vor dem Patienten, das Handgelenk zeigt nach kranial.
Die Arbeitsgänge beginnen analfaltennah und werden dicht neben- und übereinander auf der rechten Kreuzbeinhälfte ausgeführt. Der therapeutische Zug erfolgt kranialwärts.

Beachte

- Nicht aus dem Gewebe rutschen!
- Auf druckfreies Arbeiten achten! Sonst besteht die Gefahr von unerwünschten Reaktionen.

Kurze Arbeitsgänge an den Rand der Crista iliaca. Ausgangsstellung und Handhaltung wie kurze Arbeitsgänge auf dem Kreuzbein. Die Arbeitsgänge beginnen am oberen Rand des Iliosakralgelenkes und werden bis zur Spina iliaca anterior superior oder bis zur hinteren Axillarlinie ausgeführt.

Beachte

- Nicht über den Knochenrand in die Weichteile ziehen! Bei Venen-Lymphzonen ist der Verschiebeweg relativ lang; evtl. Gegenspannung mit der nichtarbeitenden Hand.

Der Beckengang. Er ist ein *Längsgang*. Längsgänge dienen erfahrungsgemäß zusammenfassenden Reaktionen aus den bisher gesetzten Einzelreaktionen. Sie dürfen nur dann angewendet werden, wenn es die Gewebsspannung erlaubt. Bei zu starker Spannung läßt man sie weg und arbeitet bis zum Nachlassen der erhöhten Spannung weiter mit kurzen Arbeitsgängen. Der Behandler steht vor dem Patienten und arbeitet mit der gleichseitigen Hand.
Der Beckengang wird vom 5. Lendenwirbeldorn bis zur Spina iliaca anterior superior oder bis zum Rand des M. rectus abdominis gezogen:

- Ansetzen der Finger am 5. Lendenwirbeldorn,
- Verschieben des Gewebes oberhalb der Crista – in den Weichteilen – nach lateral,
- therapeutischer Zug nach lateral.

Beachte

- Bei allen Längsgängen darf erst dann der ganze Arbeitsgang gezogen werden, wenn der Patient beim therapeutischen Zug das Schneideempfinden angibt. Sonst besteht die Gefahr, daß es eine „Streichung" wird. Ein therapeutischer Effekt ist dann nicht gegeben.

Bei stark verspanntem Gewebe kann der Beckengang unterteilt werden:

- vom oberen Rand des Iliosakralgelenkes bis zur Spina iliaca anterior superior oder bis zum Rektusrand,
- vom oberen Rand des Iliosakralgelenkes bis zum 5. Lendenwirbeldorn. In diesem Falle steht oder sitzt der Behandler hinter dem Patienten.

Arbeitsgänge am Trochanter major. Sie gehören an sich nicht mehr zum Beckenbereich, werden aber in diesem Zusammenhang gebracht, weil sie bei Erkrankungen im Kreuzbein-Becken-Bereich oft wichtig sind. Bei fast allen Patienten findet man um den Trochanter erhöht gespannte Gewebsabschnitte.
Der Behandler steht vor dem Patienten und arbeitet mit der Gegenhand oder mit unterstützter Hand.
Die Finger werden etwa 10 cm distal vom Trochanter an der Dorsalseite vom Femur am Ansatz des M. glutaeus maximus aufgesetzt. Das Verschieben des Gewebes erfolgt gegen den dorsalen Rand des Tractus iliotibialis (meist ein sehr kurzer Weg), der therapeutische Zug gegen den Faszienrand.
Die Arbeitsgänge werden bis hinter den Trochanter ausgeführt. Hat die Gewebsspannung nachgelassen, kann ein *Längsgang* ausgeführt werden. Das Verschieben erfolgt nach proximal. Dieser Längsgang wird ausnahmsweise geschoben. Er ist deshalb oft schwierig auszuführen, wenn die Gewebsspannung zu stark ist. Es bewähren sich dann entweder kurze Arbeitsgänge oder das Arbeiten mit unterstützter Hand.

Die Arbeitsgänge im Kreuzbein-Becken-Bereich werden ausgeführt bei

- Erkrankungen des Uro-Genitalsystems,
- arteriellen Durchblutungsstörungen der unteren Extremität,
- Darmerkrankungen,
- Venen-Lymphstörungen der unteren Extremität,
- Lumbago, Ischialgie und ähnlichen Syndromen.

Die kurzen Arbeitsgänge auf dem Kreuzbein sind wichtig bei Kopfschmerzen.

Beachte

- Bei den Arbeitsgängen am Kreuzbeinrand und vom unteren bis zum oberen Rand des Iliosakralgelenkes kann es zu Juckreiz auf dem Schulterblatt kommen (sog. flüchtige Irritierung).
  Dieses Jucken hört im Verlauf der Behandlung wieder auf.
- Beim kurzen Arbeitsgang auf dem Kreuzbein können Kopfschmerzen ausgelöst werden, wenn technisch nicht einwandfrei gearbeitet wird. Sie verschwinden sofort, wenn die Arbeitsgänge exakt wiederholt werden.
- Tritt das Schneideempfinden im Kreuzbein-Becken-Bereich nicht deutlich auf (Mischempfindungen, Druck), obwohl Bindegewebszonen vorhanden sind, wird der Reaktionspunkt am Trigonum lumbale (s. Abschn. 5.3.6.) ausgeführt.

5.3.2. Arbeitsgänge im lateralen Rumpfbereich

Die lateralen Rumpfabschnitte gehören zur nicht autochthonen Rückenmuskulatur. Die Innervation erfolgt vom Plexus brachialis. Deshalb beeinflußt man von diesen Gewebsabschnitten aus bei der Unterhaut- und Faszientechnik Störungen im Bereich der oberen Extremität (Abb. 52).

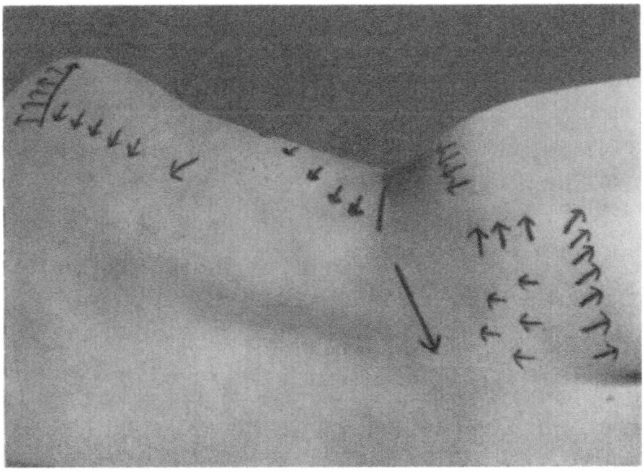

Abb. 52
Arbeitsgänge
im lateralen Rumpfbereich

Kurze Arbeitsgänge mit Faszientechnik am Rand des M. latissimus dorsi. Der Behandler sitzt hinter dem Patienten und arbeitet mit der gleichseitigen Hand. Die Finger werden am Ursprung des Muskels dicht oberhalb der Crista iliaca aufgesetzt. Der Zug erfolgt rechtwinklig an den lateralen Faszienrand. Dabei tritt ein starkes Schneideempfinden ein. Die Arbeitsgänge werden bis in die Höhe des unteren Schulterblattwinkels oder bis in die Achselhöhle ausgeführt. Zum besseren Ertasten des Muskels legt der Patient seine Hand auf den Kopf. Der Behandler gibt ellenbogennah an der Unterseite des Oberarmes Widerstand, der Patient drückt gegen die Hand des Behandlers. Dabei springt der Muskel deutlich hervor, und man kann seinen Verlauf gut verfolgen.

Kurze Arbeitsgänge am kaudalen Schulterblattwinkel. Der Behandler sitzt hinter dem Patienten und arbeitet mit der gleichseitigen Hand. Die Finger werden am lateralen Rand des Schulterblattwinkels aufgesetzt. Das Gewebe wird bis zur Verschiebungsgrenze nach medial verschoben. Der therapeutische Zug erfolgt nach medial.

Kurze Arbeitsgänge am medialen Schulterblattrand. Der Behandler sitzt hinter dem Patienten und arbeitet mit der gleichseitigen Hand. Die Finger werden auf dem Schulterblatt nahe dem unteren Winkel aufgesetzt. Nach dem Verschieben gegen den medialen Rand erfolgt der therapeutische Zug exakt bis an den Rand. Die Arbeitsgänge werden vom unteren Winkel bis zur Spina scapulae durchgeführt.

Beachte

- Der Behandler darf nicht in das Gebiet zwischen Schulterblattrand und Wirbelsäule geraten – Gefahr von Fehlreaktionen. Um das zu vermeiden, kann die nichtarbeitende Hand parallel zum Schulterblattrand aufgestellt werden.

Kurze Arbeitsgänge unterhalb der Spina scapulae. Die Finger werden unterhalb der Spina scapulae am medialen Rand aufgesetzt. Der therapeutische Zug erfolgt gegen die Spina. Die Arbeitsgänge werden bis zum Akromion ausgeführt.
Dieser Arbeitsgang kann auch als Längsgang unterhalb der Spina scapulae von medial nach lateral gezogen werden. Der Behandler steht dabei schräg vor dem Patienten und arbeitet mit der Gegenhand.

Kurze Arbeitsgänge zwischen vorderer und hinterer Axillarlinie. Der Behandler steht schräg hinter dem Patienten und arbeitet mit der Gegenhand. Bei faltenreichem Gewebe kann mit der nichtarbeitenden Hand nach kaudal gegengespannt werden.
Zwischen vorderer und hinterer Axillarlinie werden die Arbeitsgänge dicht neben- und übereinander von der Crista iliaca bis in die Achselhöhle ausgeführt.

Die Arbeitsgänge im lateralen Rumpfbereich sind wichtig bei allen Erkrankungen im Schulter-Arm-Bereich:

- Schulter-Arm-Syndrom
- Periarthritis humero-scapularis
- Sudecksches Syndrom
- Durchblutungsstörungen der oberen Extremitäten
- bei Kopfschmerzen.

Beachte

- Treten während der Behandlung Schmerzen im Arm oder in der Hand, evtl. auch Parästhesien auf (Fehlreaktionen), werden kurze Arbeitsgänge mit Faszientechnik am Rand des M. latissimus dorsi und kurze Arbeitsgänge zwischen vorderer und hinterer Axillarlinie im Wechsel ausgeführt. Die Reaktionspunkte für den Arm (s. Abschn. 5.3.8.) können in die Behandlung einbezogen werden.

5.3.3. Arbeitsgänge im dorsalen Thoraxbereich

Bei den Arbeitsgängen im dorsalen Thoraxbereich (Abb. 53) wird in den Segmenten gearbeitet, denen das innere Organ zugeordnet ist. Man befindet sich in der autochthonen Rückenmuskulatur, die segmental innerviert wird.

Langer Arbeitsgang quer über den Rücken. Der Behandler sitzt hinter dem Patienten und arbeitet mit der gleichseitigen Hand. Vom Rand des M. latissimus dorsi wird ein langer Arbeitsgang bis an den lateralen Rand des M. erector spinae gezogen. Die Arbeitsgänge werden dicht übereinander bis zum kaudalen Schulterblattwinkel ausgeführt.

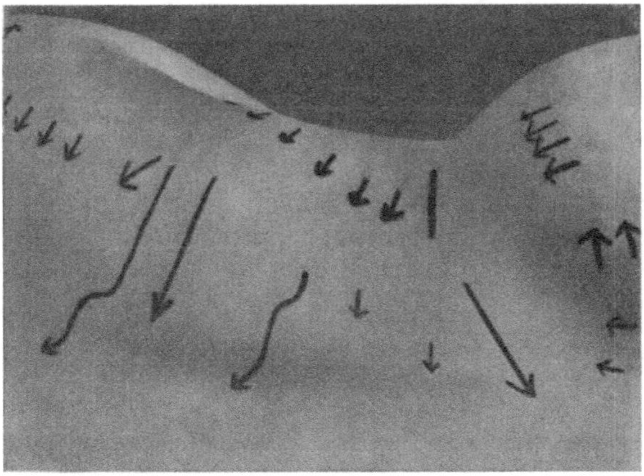

Abb. 53
Arbeitsgänge
im dorsalen Thoraxbereich

Eine Verbindung mit dem Arbeitsgang vom lateralen Rand des M. erector spinae zum Dornfortsatz ist möglich, wenn es die Gewebsspannung zuläßt.

Kurze Arbeitsgänge an den lateralen Rand des M. erector spinae. Ausgangsstellung und Handhaltung wie oben. Diese Arbeitsgänge können mit Unterhaut- oder Faszientechnik in gleicher Weise wie bei den kurzen Arbeitsgängen an die Wirbelsäule ausgeführt werden.

Kurze Arbeitsgänge an die Wirbelsäule. Der Behandler sitzt hinter dem Patienten und arbeitet mit dem 3. Finger der gleichseitigen Hand.
Vom medialen Rand des M. erector spinae werden kurze Arbeitsgänge dicht übereinander bis an die Wirbelsäule ausgeführt. Man beginnt entweder am Darmbeinkamm oder in Höhe des 12. Brustwirbeldorns.

Verbindung der Arbeitsgänge an die Wirbelsäule mit denen an den lateralen Rand des M. erector spinae. Bei gleicher Ausgangsstellung und Handhaltung werden die Finger am lateralen Rand des M. erector spinae aufgesetzt. Das Verschieben und der therapeutische Zug erfolgen kranialwärts. Unter leichter Handdrehung zieht man, den Zugreiz beibehaltend, über den Muskel hinweg und endet – wieder etwas nach kranial – an den Processus spinosi. Es entsteht eine kleine „Schlangenlinie".
Im Lumbalbereich sind diese Arbeitsgänge wichtig bei Lumbalgien, Sakralgien, Darm- und Nierenerkrankungen.
Vom Wirbelsäulen-Rippen-Winkel, dem sog. Atemwinkel, kann ein Atemreflex ausgelöst werden. Meist erfolgt eine Tiefatmung, wenn dort gearbeitet wird. Dem Patienten soll Zeit zum Atmen verbleiben, erst dann weiterarbeiten.
Die Arbeitsgänge im Thorakalbereich enden in Höhe des kaudalen Schulterblattwinkels.

Der Brustkorbgang. Der Behandler steht vor dem Patienten und arbeitet mit der Gegenhand. Der Brustkorbgang ist ein *Längsgang*. Wie der Beckengang ist er die Zusammenfassung von Einzelreaktionen. Er wird unterhalb des Rippenbogens in den Weichteilen gezogen. Die Finger werden am 12. Brustwirbeldorn aufgesetzt – das Verschieben erfolgt nach lateral – der therapeutische Zug wird bis zum Ende des Arbeitsganges am M. rectus abdominis beibehalten. Ist die Gewebsspannung im Atemwinkel zu stark, wird der Brustkorbgang unterteilt:
– vom lateralen Rand des M. erector spinae bis zur Axillarlinie,
– Verbindung der Arbeitsgänge an die Wirbelsäule mit denen an den lateralen Rand des M. erector spinae unterhalb des Rippenbogens zum 12. Brustwirbeldorn.

Der paravertebrale Längsgang. Der Behandler sitzt hinter dem Patienten und arbeitet mit der gleichseitigen Hand.
Die Finger werden am lateralen Rand des M. erector spinae an der Crista iliaca aufgesetzt – das Gewebe wird nach kranial verschoben – der thera-

peutische Zug wird kranialwärts in der Regel bis in Höhe des kaudalen Schulterblattwinkels beibehalten.
Der paravertebrale Längsgang dient vor allem der Beseitigung von Fehlreaktionen, z. B. kein Schneideempfinden am hinteren Thorax trotz vorhandener Bindegewebszonen.
Die Arbeitsgänge im dorsalen Thoraxbereich sind wichtig bei allen Erkrankungen der inneren Organe.

Beachte

- Bei Magendruckgefühl, Atembeschwerden, Herzbeschwerden werden entweder der Brustkorbgang beiderseits ausgeführt oder die kaudalen Gewebsabschnitt im Kreuzbein-Becken-Bereich behandelt.
- Auf der rechten Thoraxseite kann Juckreiz oder Stechen am Maximalpunkt des Leber-Gallen-Systems zwischen Schulterblatt und Wirbelsäule oder auf dem M. trapezius auftreten.
- Auf der linken Thoraxseite kann Juckreiz unterhalb der Spina scapulae ausgelöst werden, wenn Armstörungen oder Magenbeschwerden vorhanden sind. Die Beseitigung dieser Störungen erfolgt, indem man 1–2mal den unteren Brustkorbgang durchzieht. Steigern sich die Beschwerden, wird der paravertebrale Längsgang ausgeführt.

5.3.4. Arbeitsgänge im ventralen Rumpfbereich (sog. „Bauchstriche“)

Der Patient liegt auf dem Rücken, der Behandler steht neben dem Patienten.

Kurze Arbeitsgänge am Brustkorbrand. Der Behandler steht auf der Gegenseite und arbeitet mit der Gegenhand.
Die Finger werden 2–3 cm oberhalb des Brustkorbrandes in Höhe der vorderen Axillarlinie aufgesetzt. Das Verschieben und der therapeutische Zug erfolgen rechtwinklig auf den Knochenrand zu. Die Arbeitsgänge werden bis zum Processus xiphoideus ausgeführt. Im Bereich des 7. und 8. Interkostalraumes in der Mitte der Mammillarlinie befindet sich der sog. „Ellenbogenpunkt“: Der Patient empfindet plötzlich am Ellenbogen einen Stich oder einen Lufthauch. Es handelt sich um eine Reaktion, die durch die Nn. intercostobrachiales ausgelöst wird. Dieser Punkt ist wichtig bei der Behandlung von Epikondylosen.

Der Brustkorbgang. Der Behandler steht auf der Gegenseite und arbeitet mit der Gegenhand.
Dieser Längsgang wird von der mittleren Axillarlinie unterhalb des Brustkorbrandes fortlaufend oder schubweise bis zum Rand des M. rectus abdominis bzw. bis zum Processus xiphoideus gezogen.

Kurze Arbeitsgänge am Beckenkamm. Der Behandler steht auf der gleichen Seite und arbeitet mit der gleichseitigen Hand. Die Finger werden etwa 2–3 cm vom Beckenrand entfernt auf dem Bauch aufgesetzt. Das Verschieben und der therapeutische Zug erfolgen gegen den Knochenrand von lateral nach medial. Die nicht arbeitende Hand spannt evtl. die Bauchhaut.

Der Beckengang. Der Behandler steht auf der Gegenseite und arbeitet mit der gleichseitigen Hand.
Dieser Längsgang wird von der mittleren Axillarlinie oberhalb des Beckenrandes in den Weichteilen fortlaufend oder schubweise bis zur Symphyse gezogen.

Kurze Arbeitsgänge am Rand des M. rectus abdominis mit Faszientechnik. Der Behandler steht auf der Gegenseite und arbeitet mit der Gegenhand. Die Arbeitsgänge werden am lateralen Faszienrand vom Nabel ausgehend kranialwärts und kaudalwärts ausgeführt.

Die Arbeitsgänge auf der vorderen Rumpfseite sind wichtig bei:
- allen Erkrankungen der inneren Organe (vor allem im epigastrischen Winkel arbeiten)
- Lumbago, Ischialgie
- Morbus Bechterew.

Bei Erstbehandlungen haben sich die „Bauchstriche" bewährt und können als Abschluß einer Bindegewebsmassage gewählt werden.

5.3.5. Arbeitsgänge am Hals, am Kopf und im Gesicht

Die Arbeitsgänge am Hals, am Kopf und im Gesicht werden aus der Rückenlage durchgeführt. Der Behandler steht hinter dem Patienten. Die Behandlung am Hals darf nur nach Vorarbeit des ganzen Rumpfes vorgenommen werden, weil sonst die Gefahr von unerwünschten Reaktionen besteht.

Kurze Arbeitsgänge in der Fossa jugularis mit Faszientechnik. Eine Fingerkuppe wird vom Sternum am oberen Rand des Manubriums aufgesetzt. Der therapeutische Zug erfolgt nach unten innen in die Grube.

Beachte

- Bei fehlerhafter Technik können Schluckstörungen und Kloßgefühl im Hals auftreten. Die Beseitigung erfolgt durch druckfreies Ziehen des gleichen Arbeitsganges.

Kurze Arbeitsgänge am M. sternocleidomastoideus mit Faszientechnik. Die Finger werden am lateralen Muskelrand aufgesetzt. Der therapeutische Zug erfolgt exakt und druckfrei an den Muskelrand. Eventuell kann die nicht arbeitende Hand den Hals von der Rückseite umgreifen und das Gewebe etwas gegenspannen.

Beachte

- Bei falscher Technik werden anstelle von hellem, scharfem Schneiden Druck- oder Mischempfindungen ausgelöst, die zu gleichen Störungen führen, wie bei der Fossa jugularis beschrieben. Die Beseitigung erfolgt durch Wiederholung technisch einwandfreier Arbeitsgänge.
  Wird auch dann kein Schneideempfinden ausgelöst, werden die Arbeitsgänge nicht wiederholt.

Kurze Arbeitsgänge am Platysma und am Unterkieferrand mit Faszientechnik. Vom Platysma werden kurze Arbeitsgänge gegen den Unterkieferrand gezogen. Ein Längsgang ist möglich.

Kurze Arbeitsgänge und Längsgang am M. trapezius mit Unterhaut- oder Faszientechnik. Die Finger der arbeitenden Hand werden am dorsalen Muskelrand aufgesetzt, die andere Hand liegt als Kontakthand auf der Gegenseite. Das Verschieben und der therapeutische Zug erfolgen nach kranial. Die Arbeitsgänge werden vom Dornfortsatz des 7. Halswirbels dicht nebeneinander nach lateral ausgeführt. Der Längsgang wird ebenfalls von medial nach lateral gezogen.

Kurze Arbeitsgänge und Längsgang an der Halswirbelsäule. Die Finger werden an den Dornfortsätzen – beginnend am 7. HWD – aufgesetzt. Das Verschieben und der therapeutische Zug erfolgen nach lateral an die Spinalmuskeln. Die Arbeitsgänge werden dicht übereinander bis zum Os occipitale ausgeführt. Der Längsgang wird vom 7. HWD bis zum Occiput in der Längsrichtung gezogen.

Kurze Arbeitsgänge, evtl. Längsgang, an der Linea nuchae. Der Kopf wird leicht gedreht. Vom Foramen occipitale werden kurze Arbeitsgänge an die Linea nuchae dicht nebeneinander bis kurz vor den Processus mastoideus gezogen. Ein Längsgang – ebenfalls von medial nach lateral – ist möglich. Die nichtarbeitende Hand kann das Gewebe etwas gegenspannen.

Arbeitsgänge im Gesicht. Sie sind in Abb. 54 dargestellt. Eine Trennung von Haut-, Unterhaut- oder Faszientechnik ist im Gesicht aus anatomischen Gründen nicht möglich, weil die mimische Muskulatur z. T. in die Lederhaut einstrahlt. Man richtet sich deshalb nach dem Verlauf der Muskeln und der Benninghoffschen Spaltlinien. Es können kurze und lange Arbeitsgänge ausgeführt werden.
Die Arbeitsgänge in der Fossa jugularis und am M. sternocleidomastoideus sind wichtig bei:
- Erkrankungen des Broncho-Pulmonal-Systems.

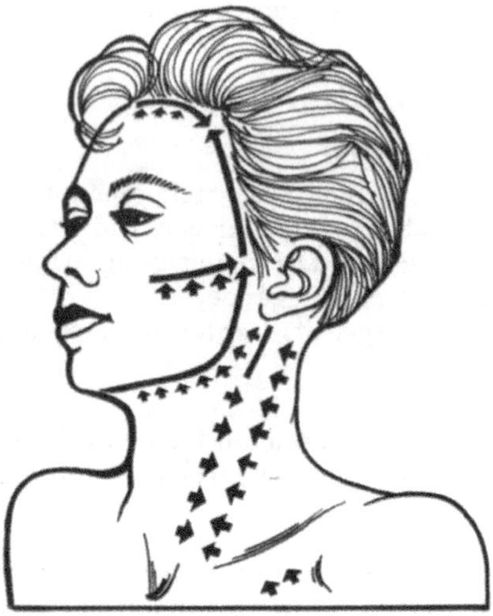

Abb. 54
Arbeitsgänge im Gesicht
(Behandlung in Rückenlage)

Der Arbeitsgang am Platysma und am Unterkieferrand ist wichtig bei:
- Fazialisparese,
- Gesichtsneuralgien.

Der Arbeitsgang am Os occipitale ist wichtig bei:
- vasomotorischem Kopfschmerz,
- Halswirbelsyndrom.

Die Arbeitsgänge im Gesicht sind wichtig
- bei Gesichtsneuralgien,
- bei oder nach Kiefersperre,
- bei Fazialisparese,
- nach Traumen.

5.3.6. Reiz- oder Reaktionspunkte

Die Reiz- oder Reaktionspunkte werden durch die Praxis erarbeitet. Die Bezeichnung ist ein technischer Ausdruck in der Bindegewebsmassage. Es handelt sich um ganz bestimmte Punkte, durch deren Behandlung spontane, besonders intensive Reaktionen (z. B. verstärkte Hyperämie in den Extremitäten) ausgelöst werden.
Die Reaktionspunkte sind einmal Behandlungspunkte (z. B. bei der sekundären Amenorrhoe), zum anderen dienen sie zur Beseitigung von unerwünschten Reaktionen.

- Reaktionspunkte werden nur mit Faszientechnik ausgeführt.

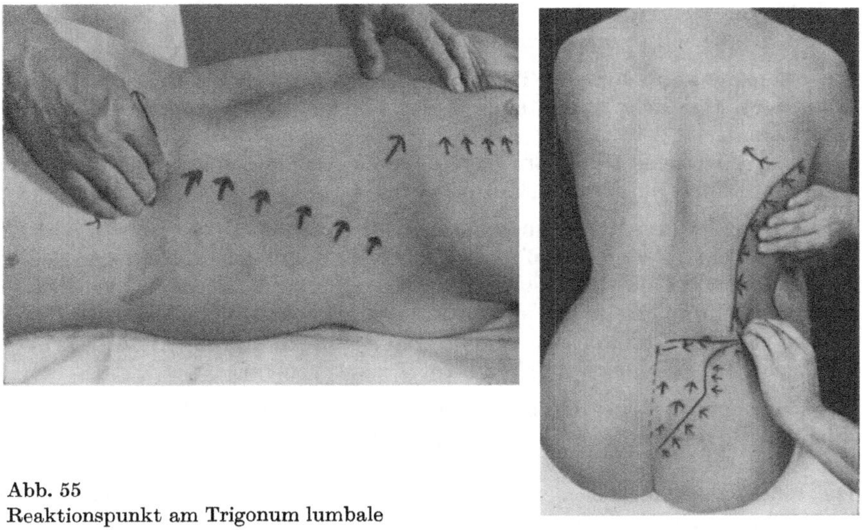

Abb. 55
Reaktionspunkt am Trigonum lumbale

- Der Patient wird vorher darauf hingewiesen, daß spontan ein helles, sehr scharfes Schneideempfinden eintritt.
- Die Arbeitsgänge werden nur 2–4mal hintereinander, und zwar paarig, aber nicht gleichzeitig, ausgeführt.
- Tritt das Schneideempfinden nicht ein, werden diese Arbeitsgänge während der augenblicklichen Behandlung nicht wiederholt.

Die technische Ausführung verlangt ein exaktes Ansetzen der Finger tief im Gewebe am entsprechenden Reaktionspunkt und einen schnellen (ausnahmsweise) therapeutischen Zug.

Reaktionspunkte am Trigonum lumbale. Das Trigonum lumbale wird begrenzt vom Darmbeinkamm, vom Rand des M. latissimus dorsi und dem M. obliquus externus.
Der Patient befindet sich in Bauchlage, der Behandler steht auf der Gegenseite und arbeitet mit der gleichseitigen Hand.
Die Finger werden in den Winkel eingesetzt, das Handgelenk zeigt nach kaudal. Der therapeutische Zug erfolgt ohne Gewebsverschiebung kaudalwärts (s. Abb. 55).

Reaktionspunkt am unteren Rand der Genitalzone 1. Ausgangsstellung wie am Trigonum lumbale.
Am unteren Rand der Genitalzone 1 lateral von der Mittellinie der verschmolzenen Dornfortsätze werden die Finger aufgesetzt. Der therapeutische Zug erfolgt nach medial an die Dornfortsätze.

Reaktionspunkt in der Fossa ischiorectalis. Der Behandler steht auf der Gegenseite und arbeitet mit der Gegenhand.

Die Finger werden auf der Wölbung des Gesäßes aufgesetzt, das Handgelenk zeigt nach kranial, der therapeutische Zug erfolgt kranialwärts.

Reaktionspunkt im dorsalen Trochanterbereich (im äußeren Drittel der queren Analfalte). Der Behandler steht auf der gleichen Seite und arbeitet mit der Gegenhand.
Die Finger werden etwas dorsal vom Trochanter aufgesetzt, der therapeutische Zug erfolgt an den Trochanter.

Reaktionspunkt am Hiatus adductorius. Der Patient befindet sich in Rückenlage, der Behandler steht auf der gleichen Seite und arbeitet mit der Gegenhand. Es empfiehlt sich, die nichtarbeitende Hand auf den Oberschenkel mit der Kleinfingerseite am oberen Rand der Patella aufzulegen. Die Finger tasten sich langsam und tief, druckfrei in den Adduktorenschlitz, der therapeutische Zug erfolgt an die Adduktoren nach ventral.

Reaktionspunkte in der Fossa infraclavicularis. Patient in Rückenlage, evtl. auch im Sitzen auf dem Hocker; der Behandler steht hinter dem Patienten.
Die Finger der gleichseitigen Hand werden einige Zentimeter unterhalb der Clavicula in der Fossa eingesetzt. Die nichtarbeitende Hand spannt vom M. pectoralis major das Gewebe leicht an. Der therapeutische Zug erfolgt unter die Clavicula.

Reaktionspunkt im Winkel zwischen der Spina scapulae und der Clavicula. Der Patient befindet sich in Rückenlage oder im Sitz auf dem Hocker, der Behandler steht neben dem Patienten auf der gleichen Seite und arbeitet mit der gleichseitigen Hand.

Tabelle 3 Reaktionspunkte

Reaktionspunkt	Anwendung
Am Trigonum lumbale	sekundäre Amenorrhoe, Durchblutungsstörungen der unteren Extremität
Am unteren Rand der Genitalzone 1	sekundäre Amenorrhoe
In der Fossa ischiorectalis	sekundäre Amenorrhoe, Durchblutungsstörungen der unteren Extremität
Im dorsalen Trochanterbereich	sekundäre Amenorrhoe, Durchblutungsstörungen der unteren Extremität
Am Hiatus adduktorius	Durchblutungsstörungen der unteren Extremität
In der Fossa infraclavicularis	Störungen in der oberen Extremität
Zwischen Spina scapulae und Clavicula	Störungen in der oberen Extremität

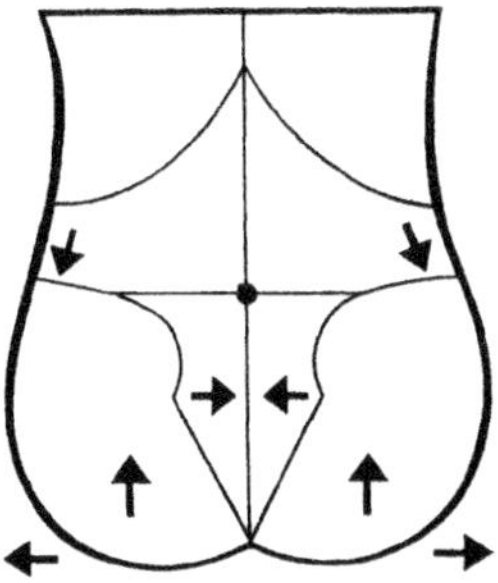

Abb. 56
Reizpunkte zur Behandlung der sekundären Amenorrhoe

Der Mittelfinger wird im Winkel aufgesetzt, der therapeutische Zug erfolgt in die Winkelspitze – nach lateral – hinein.
Tabelle 3 gibt einen Überblick über die Anwendungsmöglichkeiten der Reaktionspunkte, Abb. 56 orientiert über die Reizpunkte zur Behandlung der sekundären Amenorrhoe.
Die Reaktionspunkte dienen vor allem der *Beseitigung von Fehlreaktionen,* wenn

- der Patient kein „Schneiden“ empfindet, obwohl Bindegewebszonen vorhanden sind,
- der Patient dumpfen Druck oder Mischempfindungen äußert,
- unerwünschte Reaktionen auftreten (z. B. Parästhesien).

5.3.7. Arbeitsgänge an der unteren Extremität

Patient in Rückenlage, der Behandler steht oder sitzt auf der gleichen Seite.

Arbeitsgänge am Tractus iliobitialis mit Unterhaut- oder Faszientechnik. Der Behandler arbeitet mit der Gegenhand oder mit unterstützter Hand.
Kurze Arbeitsgänge mit Unterhaut- oder Faszientechnik werden von der Mitte des Oberschenkels nach proximal, von der Mitte nach distal bis zum Knie ausgeführt.
Der *Längsgang* – evtl. in gleicher Weise unterteilt – wird nur mit Unterhauttechnik ausgeführt.

Beachte

- Fingerkuppen nicht auf den Tractus, sondern am dorsalen Rand ansetzen, sonst kann es z. B. zu Juckreiz am ganzen Bein kommen!
- Nie über den Muskelrand rutschen!

Arbeitsgänge am medialen Rand des M. sartorius mit Unterhaut- oder Faszientechnik. Der Behandler arbeitet mit der gleichseitigen Hand. Die *kurzen Arbeitsgänge* mit Unterhaut- oder Faszientechnik werden von der Mitte des Muskels aus nach proximal und nach distal ausgeführt.

Der *Längsgang* mit Unterhauttechnik wird evtl. in gleicher Weise unterteilt.

Arbeitsgänge um die Patella. Um die Patella werden rechtwinklig auf den Knochenrand zu kurze Arbeitsgänge ausgeführt. Es kann versucht werden, einen Längsgang um die Kniescheibe zu ziehen.

Arbeitsgänge in der Kniekehle. In der Kniekehle können kurze und lange Arbeitsgänge ausgeführt werden.
Der Behandler steht auf der gleichen Seite. Die nicht arbeitende Hand liegt in der Kniekehle und beugt das Gelenk leicht an.
- *Kurze Arbeitsgänge* mit der gleichseitigen Hand am medialen Rand der Bizepssehne. Der therapeutische Zug erfolgt nach lateral.
- *Kurze Arbeitsgänge* mit der Gegenhand am medialen Rand der Semimuskeln. Der therapeutische Zug erfolgt nach medial.
- *Bimanuelle kurze Arbeitsgänge* an beiden Sehnenrändern. Beide Hände führen gleichzeitig von proximal nach distal kurze Arbeitsgänge durch die Kniekehle aus.
- *Längsgang* am medialen Rand der Bizepssehne bzw. der Semimuskeln mit der Fingerkuppe des Mittelfingers von proximal nach distal.

Beachte

- Diesen Längsgang nie bimanuell ziehen!
- Langsam ziehen, weil das Gewebe in der Kniekehle meist sehr empfindlich ist!

Kurze Arbeitsgänge am lateralen Gastroknemiuskopf. Der Patient stellt den Fuß auf die Unterlage, das Knie ist gebeugt, der Behandler umgreift den Muskel von innen mit der gleichseitigen Hand und fixiert den Fuß mit der Gegenhand.
Mit Unterhaut- oder Faszientechnik, abhängig von der Gewebsspannung, werden *kurze Arbeitsgänge* von proximal nach distal etwa 8–10 cm dicht untereinander ausgeführt.

Kurzer Arbeitsgang am Ansatz des M. gastrocnemius auf dem M. soleus. Ausgangsstellung wie beim lateralen Gastroknemiuskopf. Die Kuppe des Mittelfingers der gleichseitigen Hand wird am Ansatz des M. gastrocnemius aufgesetzt. Das Handgelenk zeigt nach distal. Der therapeutische Zug erfolgt nach distal. Bei stark erhöhter Gewebsspannung empfiehlt es sich, den Arbeitsgang mit der Unterhauttechnik auszuführen und nicht zu oft zu wiederholen.

Kurzer Arbeitsgang in der Malleolengabel. Der Mittelfinger der Gegenhand wird in der Malleolengabel aufgesetzt, Handgelenk und Unterarm stehen in Richtung des Unterschenkels des Patienten. Die Gegenhand hält den Fuß in Mittelstellung. Der therapeutische Zug wird durch Plantarflexion des Fußes ausgelöst. Der Finger darf keinesfalls ins Rutschen kommen.

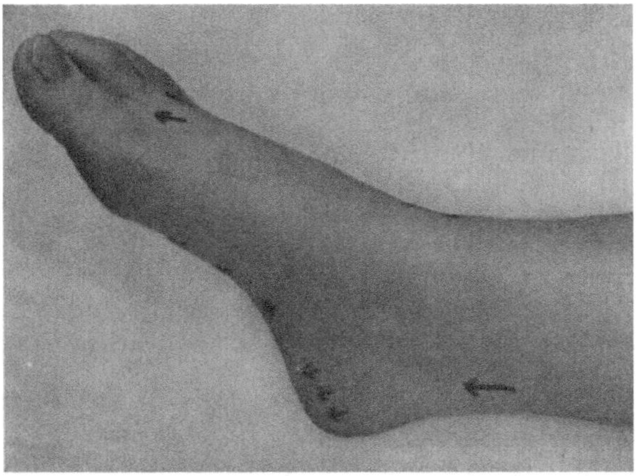

Abb. 57
Kurze Arbeitsgänge
am Fuß

Kurze Arbeitsgänge an der lateralen und medialen Seite des Calcaneus. Bei diesem und den beiden folgenden Arbeitsgängen steht oder sitzt der Behandler am Fußende und arbeitet lateral mit der gleichseitigen, medial mit der Gegenhand.
Die Finger werden lateral bzw. medial am oberen Rand des Calcaneus von der Fußsohle her aufgesetzt. Die Gegenhand hält den Fuß in mittlerer Plantarflexion. Der therapeutische Zug wird durch Dorsalextension des Fußes ausgelöst. Es werden nur 2 kurze Arbeitsgänge nebeneinander ausgeführt (Abb. 57).

Kurze Arbeitsgänge auf der dorsalen und der plantaren Seite an den Zehengrundgelenken. Die Finger werden bei dorsal- bzw. plantarflektierten Zehen an den Grundgelenken aufgesetzt. Der therapeutische Zug erfolgt durch Plantar- bzw. Dorsalflexion der Zehen.

Kurze Arbeitsgänge am lateralen und medialen Fußsohlenrand. Die Finger werden von der Fußsohle her am dorsalen bzw. medialen Rand aufgesetzt. Der therapeutische Zug erfolgt plantarwärts. Die Arbeitsgänge werden von der Ferse bis an die Zehenballen ausgeführt. Ein Längsgang ist möglich.

Die Arbeitsgänge am Bein können durch den Längsgang am Tractus iliotibialis oder durch den Beckengang zusammengefaßt werden.
Die Arbeitsgänge am Bein sind wichtig bei

- Venen-Lymph-Störungen der Beine,
- Ulcus cruris,
- Lumbago (am Tractus und in der Kniekehle),
- Ischialgie (evtl. mit Fußbehandlung),
- posttraumatischen Zuständen,
- Durchblutungsstörungen (aber immer oberhalb des Verschlusses arbeiten).

Beachte

- Bei Blasenstörungen auf funktioneller Grundlage empfindet der Patient am Tractus iliotibialis oft ein „Streichen“ statt eines „Schneidens“. Diese Nichtreaktion kann durch die Reaktionspunkte am Trigonum lumbale, in der Fossa ischiorectalis und am Hiatus adductorius beseitigt werden.

5.3.8. Arbeitsgänge an der oberen Extremität

Aus der Rückenlage oder im Sitzen können Arbeitsgänge am Schultergürtel und am Arm ausgeführt werden. Der Behandler sitzt auf der gleichen Seite.

Kurze Arbeitsgänge in der Achselhöhle. Sie werden in ähnlicher Weise ausgeführt wie die in der Kniekehle.

- *Kurze Arbeitsgänge* mit der Gegenhand an der dorsalen Achselhöhlenwand von proximal nach distal. Der therapeutische Zug erfolgt von medial nach dorsal.
- *Kurze Arbeitsgänge* an der ventralen Achselhöhlenwand von proximal nach distal mit der gleichseitigen Hand. Der therapeutische Zug erfolgt von medial nach ventral.
- Beide Arbeitsgänge auch *bimanuell.*
- *Längsgang* an der dorsalen und ventralen Achselhöhlenwand von proximal nach distal – nie bimanuell!

Die Gefahr, eine Haarbalgentzündung auszulösen, ist nicht gegeben, weil die Arbeitsgänge im Bereich der Unterhaut ansetzen und ein Zug auf die Achselhaare nicht ausgeübt wird.

Arbeitsgänge am hinteren Rand des M. deltoideus mit Unterhaut- oder Faszientechnik. Die Finger der Gegenhand werden nah am Schultergelenk am dorsalen Muskelrand aufgesetzt; das Verschieben und der therapeutische Zug erfolgen gegen den Muskelrand.
Die kurzen Arbeitsgänge können mit Unterhaut- oder Faszientechnik ausgeführt werden, der Längsgang – von proximal nach distal – nur mit Unterhauttechnik. Der Zug endet am Ansatz des Muskels.

Beachte

- Statt des Schneideempfindens kann dumpfer Druck auftreten. Durch Arbeitsgänge in der Achselhöhle, an der Spina scapulae und durch Behandlung der Reaktionspunkte für den Arm kann diese unbeabsichtigte Reaktion behoben werden.

Arbeitsgänge am medialen Rand des M. biceps brachii. Mit der gleichseitigen Hand werden von proximal nach distal kurze Arbeitsgänge am medialen Muskelrand ausgeführt. Es empfiehlt sich, mit der nicht arbeitenden Hand den Oberarm von außen zu umgreifen und das Gewebe etwas gegenzuhalten. Ein Längsgang ist möglich.

Arbeitsgänge am M. triceps brachii. Wie beim Bizeps können die Arbeitsgänge auch am medialen Rand des Trizeps ausgeführt werden. Es wird mit der gleichseitigen Hand gearbeitet.
Die Arbeitsgänge am Bizeps und am Trizeps können auch bimanuell ausgeführt werden.

Arbeitsgänge in der Ellenbeuge. Mit Unterhaut- oder Faszientechnik werden bei leicht gebeugtem Ellenbogen an der lateralen und medialen Bizepssehne *kurze Arbeitsgänge* in die Ellenbeuge gezogen.
Dieser Arbeitsgang kann auch vom Unterarm her in die Ellenbeuge ausgeführt werden.
Der *Längsgang* beginnt am Ende des Muskelbauches am lateralen bzw. medialen Rand und endet in der Ellenbeuge.

Kurze Arbeitsgänge quer zur Ulna mit Unterhaut- oder Faszientechnik. Bei leicht gebeugtem Unterarm werden kurze Arbeitsgänge quer von der Ulna weg ausgeführt. Es wird mit der Gegenhand von proximal nach distal gearbeitet. Der Längsgang wird analog gezogen.

Kurze Arbeitsgänge an der Dorsal- und an der Volarseite des Handgelenkes. In ähnlicher Weise wie bei den Arbeitsgängen am Fuß wird auch an der Hand der therapeutische Zug durch leichte passive Bewegung aus der Mittelstellung ausgeführt.
Die Finger der Gegenhand – Handgelenk zeigt nach proximal – werden an der Dorsal- bzw. Volarseite aufgesetzt. Die gleichseitige Hand faßt die Hand. Durch Volar- bzw. Dorsalflexion wird der therapeutische Zug ausgelöst. Die Arbeitsgänge werden dicht nebeneinander von medial nach lateral an der Handwurzel ausgeführt.

Kurzer Arbeitsgang an der ulnaren und an der radialen Seite des Handgelenkes. Der Mittelfinger der Gegenhand wird vom Unterarm her am distalen Ende der Ulna bzw. des Radius bei leicht abduzierter Hand aufgesetzt; das Handgelenk zeigt nach proximal. Die gleichseitige Hand faßt die Hand. Der therapeutische Zug erfolgt durch radiale bzw. ulnare Abduktion.

Die Arbeitsgänge an den Fingern. Sie werden in gleicher Weise ausgeführt wie an den Zehen.

Die Arbeitsgänge im Bereich der Schulter sind wichtig bei

- Halswirbelsyndrom,
- Brachialgien,
- Periarthritis humero scapularis,
- Epikondylose,
- Durchblutungsstörungen der Arme,
- Sudeckschem Syndrom.

Die Arbeitsgänge im Bereich der Arme sind wichtig bei

- posttraumatischen Zuständen,
- Epikondylose,
- Durchblutungsstörungen,
- Sudeckschem Syndrom.

5.4. Hauttechnik

Wenn hautnahe Bindegewebszonen in der Verschiebeschicht zwischen Haut und Unterhaut vorhanden sind, wird mit der Hauttechnik gearbeitet. Die Verschiebeschichten sind nicht scharf gegeneinander abgegrenzt. Beim Säugling und beim Kind bis zur Pubertät finden sich die Bindegewebszonen nur in der oberflächlichen Schicht, weil die tiefer gelegenen noch nicht ausgeprägt sind. Beim Erwachsenen sind nur bei bestimmten Erkrankungen Bindegewebszonen zwischen Haut und Unterhaut (s. Abschn. 2.4.2.1.). An das Tastvermögen des Behandlers werden bei der Hauttechnik hohe Anforderungen gestellt, weil die Gefahr besteht, in tiefer gelegene Schichten zu kommen (Folge: unerwünschte Reaktionen). Wenn eine hautnahe Bindegewebszone vorhanden ist, empfindet der ziehende Finger einen erhöhten Widerstand. Man bezeichnet das als „Rauhigkeit" oder „Reibeisengefühl". Das Gewebe wölbt sich vor den Fingern wie „zerknittertes Seidenpapier".

5.4.1. Technische Vorbemerkungen

Bei der Hauttechnik arbeitet man immer von kaudal nach kranial im Verlauf der Benninghoffschen Spaltlinien, die am Rumpf in Querbändern, an den Extremitäten in Längsbändern verlaufen. Man beginnt immer am Gesäß und an den Hüften und arbeitet dann in den Lenden- und in den unteren Brustkorbabschnitten. Erst wenn die Gewebsspannung (Bindegewebszone) in diesen Gebieten nachgelassen hat, können Arbeitsgänge in den oberen Brustkorbabschnitten ausgeführt werden.

Bei der Hauttechnik wird in 2 Phasen gearbeitet:

- dem Aufsetzen der Fingerkuppen zwischen Haut und Unterhaut – der Patient empfindet keinen Druck,
- dem therapeutischen Zug in Längsrichtung der Spaltlinien – ein feines Schneideempfinden wird ausgelöst.

Die Arbeitsgänge werden als lange fortlaufende oder schubweise Arbeitsgänge ausgeführt.

Beachte

- daß exakt in der Verschiebeschicht zwischen Haut und Unterhaut gearbeitet wird. Gerät der Behandler in die tiefere Verschiebeschicht Unterhaut zur Faszie, kann es zu Fehlreaktionen kommen,
- daß ein Zugreiz ausgeübt wird und nicht nur ein Streichen, sonst ist kein therapeutischer Effekt vorhanden.

5.4.2. Arbeitsgänge mit der Hauttechnik

Ausgangsstellung. Säuglinge und kleine Kinder werden in der Bauchlage behandelt oder sitzen auf dem Schoß der Mutter; Erwachsene können im Sitz auf dem Hocker oder aus der Seitlage behandelt werden. Der Behandler steht oder sitzt vor oder hinter dem Patienten.
Handhaltung. Die Kuppen des 3. und 4. Fingers werden flach aufgesetzt.

Arbeitsgänge über das Gesäß und die Hüfte. Bei diesem und den 3 folgenden Arbeitsgängen steht der Behandler vor dem Patienten und arbeitet mit der gleichseitigen Hand.
Die Finger werden über den verschmolzenen Dornfortsätzen des Kreuzbeins oberhalb der Analfalte aufgesetzt. Der therapeutische Zug erfolgt fortlaufend in einem kleinen Bogen seitlich abwärts über die Wölbung des Gesäßes. Die Arbeitsgänge werden dicht übereinander bis zum 5. Lendenwirbeldorn ausgeführt. Am Iliosakralgelenk verlaufen die Arbeitsgänge parallel zum Darmbeinkamm. Sie können auch von lateral nach medial gezogen werden.

Der Beckengang. Der Beckengang mit Hauttechnik wird in gleicher Weise ausgeführt wie unter 5.3.1., aber zwischen Haut und Unterhaut.

Arbeitsgänge im Lenden- und unteren Brustkorbbereich. An den Dornfortsätzen der Lendenwirbel und der Brustwirbel werden die Finger aufgesetzt. Der therapeutische Zug erfolgt zur Mitte der Axillarlinie. Die Arbeitsgänge werden bis zum unteren Schulterblattwinkel durchgeführt.

Der untere Brustkorbgang. Der untere Brustkorbgang wird zwischen Haut und Unterhaut in gleicher Weise ausgeführt wie unter 5.3.3.

Arbeitsgänge an der Rumpfvorderseite aus Rückenlage. Der Behandler steht auf der Gegenseite und arbeitet mit der gleichseitigen Hand. Von der Mitte der Axillarlinie wird unterhalb des Rippenbogens bis zum Rand des M. rectus abdominis, bis zum Sternum oder auf diesem bis zum Manubrium ein langer fortlaufender Arbeitsgang gezogen. Oberhalb des Beckenkammes wird von der Spina iliaca anterior superior bis zur Symphyse der Beckengang (s. o.) verlängert.

Arbeitsgänge im Schultergürtel-, Nacken- und Halsbereich.

- Die Finger werden am unteren Schulterblattwinkel aufgesetzt. Der therapeutische Zug erfolgt nach schräg oben über den *M. trapezius* verlaufend

und über das Schulterblatt hinweg bis zum hinteren Deltaanteil. Die Arbeitsgänge werden dicht übereinander bis zum Akromion ausgeführt.
- Am 7. *Halswirbeldorn* ist meist eine Quellung vorhanden. Kurze Arbeitsgänge werden von lateral nach medial kreisförmig auf den 7. Halswirbeldorn zu bis an den Rand der Quellung ausgeführt. Läßt die Quellung nach, können sie bis zum Dornfortsatz gezogen werden.
- Am *Hals* werden die Arbeitsgänge waagerecht von lateral nach medial gezogen, bei geringer Spannung von kaudal nach kranial bis zum Hinterhaupt.

Arbeitsgänge an den Extremitäten. An den Extremitäten werden die Arbeitsgänge in der Längsrichtung der Spaltlinien ausgeführt, in der Regel von proximal nach distal. Dabei wird das Gewebe durch Gegenhalten etwas gedehnt. Arbeitsgänge am Arm werden im Sitzen, am Bein aus Rückenlage ausgeführt.

5.5. Wirkungsweise der Bindegewebsmassage

Die Bindegewebsmassage wirkt durch den Zugreiz auf bestimmte Rezeptoren (Mechanorezeptoren der Haut und der Unterhaut und des Gefäßbindegewebes) und löst verschiedene Reflexe aus, die auch auf vegetativ innervierte Organe wirken können. Es wird damit angestrebt, vegetativ gesteuerte Funktionskreise zu beeinflussen. Bei regelrechter Behandlung wird das Ziel gewöhnlich erreicht.
Die Reaktionen sind ein Komplex, werden aber der Übersicht wegen eingeteilt in

- subjektive Empfindungen des Patienten,
- Hautreaktionen,
- nervale Reaktionen,
- Spätreaktionen.

Alle Reaktionen treten in den ersten Behandlungen stärker auf, lassen im Verlauf der Behandlungenserie nach oder sind nicht mehr auszulösen.

5.5.1. Subjektive Empfindungen des Patienten

Bei der Bindegewebsmassage entsteht durch den Zugreiz ein charakteristisches *Schneide- oder Ritzempfinden*. Es ist gut lokalisierbar und umschrieben im Gegensatz zu dumpfem Druckempfinden. Die Patienten nehmen an, es wird mit dem Fingernagel massiert. Diese Empfindung tritt immer dann auf, wenn eine Bindegewebszone vorhanden ist. Ist der Arbeitsgang beendet, hört das „Schneiden“ sofort auf.

Beachte

- Je stärker eine Bindegewebszone ausgeprägt ist, um so stärker ist das Schneideempfinden.

Der Patient wird vor der Behandlung auf diese Reaktion aufmerksam gemacht.
Das Schneideempfinden ist abhängig von der Gewebsspannung. Es soll für den Patienten erträglich sein und nicht zum Schmerz werden. Der Behandler wird durch langsames Arbeiten und unter Beachtung der erhöhten Gewebsspannung das Schneideempfinden variieren.

Beachte

- Je steiler die Finger aufgesetzt werden, um so tiefer ist man im Gewebe, um so stärker das „Schneiden“.
- Je flacher die Finger aufgesetzt werden, um so oberflächlicher ist man im Gewebe.
- Bei zu starkem Schneideempfinden Fingerstellung beachten!
- Das Schneideempfinden ist kein Zeichen für die richtige Dosierung, sondern dafür, daß
  Bindegewebszonen vorhanden sind,
  der Patient regelrecht reagiert,
  der Behandler technisch einwandfrei arbeitet.

5.5.2. Hautreaktionen

Bei der Bindegewebsmassage treten Hautreaktionen auf als Hautrötung (Dermographia rubra), die sich bis zu einer Quaddelbildung (Dermographia elevata) entwickeln kann. Auch hier zeigt die praktische Erfahrung:

- Je stärker die Bindegewebszonen ausgeprägt sind, um so stärker sind die Hautreaktionen. Bei Nachlassen der Gewebsspannung werden auch die Hautreaktionen geringer.

Hautrötung und Quaddelbildung können bis zu 24 h, im Extremfall bis zu 36 h bestehenbleiben.
Bei hyperaktivem Gewebe können gelegentlich in den ersten 3–5 Behandlungen *blaue Flecke* durch eine minimale Gewebsblutung entstehen. Diese blauen Flecke sind nicht schmerzhaft, sie sind nur sichtbar. Sie sind keine Gegenindikation für weitere Behandlung. Der Patient soll aufgeklärt werden, warum es zu dieser Reaktion kommt.

Beachte

- Werden die blauen Flecke schmerzhaft empfunden, hat der Behandler gedrück oder zu hart gearbeitet. Dieser „Kunstfehler“ ist bei weiteren Behandlungen abzustellen.

5.5.3. Nervale Reaktionen

Zu den nervalen Reaktionen gehören z. B.
- Wärmeempfindung (Hyperämie),
- Schmerzlinderung,
- Achselschweiß,
- Umstimmung des vegetativen Nervensystems in der Regel nach der trophotropen Seite.

Sie treten während der Behandlung auf und sind regelrecht und erwünscht.

5.5.4. Spätreaktionen

Die humoralen Reaktionen sind in ihrem Ablauf *langsamer* als die nervalen und treten meist *nach etwa 1–2 h* ein. Der Patient ist in jedem Fall über diese Spätreaktionen aufzuklären. Er wird nach 1–2 h müde. Diese starke Müdigkeit ist eine parasympathikotone Reaktion; sie ist normal. Der Patient soll sich dann hinlegen. Er darf diese Müdigkeit keinesfalls durch anregende Mittel (z. B. Bohnenkaffe) unterdrücken. Schon 10 min Ruhe genügen in manchen Fällen, um sich zu erholen. Besser ist es, wenn eine halbe Stunde geruht wird. Aus diesem Grunde ist gerade bei berufstätigen Patienten der Behandlungstermin so zu wählen, daß eine Pause gewährleistet ist – am Ende der Arbeitszeit oder vor der Mittagspause. Die Müdigkeit tritt zu Beginn einer Behandlungsserie stärker auf als am Ende. Durch Nahrungsaufnahme – oft genügt schon ein Stück Schokolade oder ein Stück Zucker – kann die Müdigkeitsphase etwas hinausgeschoben werden.
Zu den humoralen Reaktionen gehören weiterhin *Hunger-* und *Durstempfinden, Anregung der Diurese, der Verdauung* und *anderer vegetativer Funktionen.*
Die Bindegewebsmassage verlangt eine gute Zusammenarbeit zwischen Be; handler und Patienten. Der Behandler beobachtet seinen Patienten und registriert dessen Reaktionen. Der Patient teilt dem Behandler mit, was er während und nach der Behandlung empfindet bzw. empfunden hat. Die beschriebenen, für die Bindegewebsmassage typischen Reaktionen können erfahrungsgemäß bei Patienten mit Angiopathien, Schilddrüsenstörungen und Nierenerkrankungen auch fehlen.

Aufgaben

1. Welche Formen der Bindegewebsmassage gibt es, und wann werden sie in der Therapie eingesetzt?
2. Welche Ausgangsstellung ist für den Patienten und den Behandler am günstigsten? Begründen Sie Ihre Entscheidung!
3. Was ist bei der Finger-, Hand- und Armhaltung zu beachten?
4. Was ist bei der Ausführung der flächigen Bindegewebsmassage zu beachten?

5. Welche Störungen können bei unexakter Technik mit der flächigen Bindegewebsmassage ausgelöst werden? Nennen Sie entsprechende Beseitigungsmöglichkeiten!
6. Erklären Sie die Wirkung der flächigen Bindegewebsmassage!
7. Erläutern Sie die Technik der Bindegewebsmassage!
8. Welche Arbeitsgänge gibt es bei der Unterhaut-, welche bei der Faszientechnik (allgemein)?
9. Geben Sie das Kommando für die Ausführung der Unterhaut- und der Faszientechnik! Welche technischen Fehler sind zu vermeiden?
10. Nennen Sie Erkrankungen, bei denen die Arbeitsgänge im Kreuzbein-Becken-Bereich wichtig sind!
11. Nennen Sie mögliche Störungen und deren Beseitigung bei der Behandlung der lateralen Rumpfabschnitte, bei der Behandlung im Thorakalbereich!
12. Wie wirken Becken- und Brustkorbgang und die Arbeitsgänge auf der vorderen Rumpfseite?
13. Wodurch können Schluckbeschwerden ausgelöst werden, und wie werden sie beseitigt?
14. Bei welchen Erkrankungen sind die Arbeitsgänge am Hals und im Gesicht wichtig?
15. Erläutern Sie den Begriff „Reaktionspunkt" und dessen praktische Bedeutung!
16. Wann werden Arbeitsgänge an der unteren, wann an der oberen Extremität ausgeführt?
17. Erklären Sie die Ausführung und die Einsatzmöglichkeiten der Hauttechnik!
18. Erläutern Sie den technischen Unterschied von Haut-, Unterhaut- und Faszientechnik!
19. Welche Reaktionen werden durch die Bindegewebsmassage ausgelöst? Ziehen Sie daraus Schlußfolgerungen für den Einsatz der Bindegewebsmassage in der Therapie!

6. Periostbehandlung

6.1. Definition und Geschichte der Methode

Die Periostbehandlung ist eine punktförmig angesetzte „Druckmassage“, die an dafür geeigneten Knochenflächen vorgenommen wird. Die Behandlung wird mit der Fingerbeere oder dem Knöchel eines Fingers durchgeführt und paßt sich in der Druckintensität sorgsam den Besonderheiten des Einzelfalles an.
Die Wirkung der Methode besteht in der örtlichen Anregung der Durchblutung und der Zellregeneration insbesondere an den Geweben des Periosts, vor allem aber in der reflektorischen Beeinflussung von Organen, die mit den behandelten Periostflächen nervlich verbunden sind. Daneben wirkt die Methode lindernd auf schmerzhafte Krankheitsprozesse ein. Da das Schwergewicht der Periostbehandlung bei der nervalen Beeinflussung von Funktionsabläufen zu sehen ist, wird sie in die Methoden der Reflextherapie eingeordnet.
Die ersten Versuche mit der Periostbehandlung wurden von Vogler 1928 unternommen. Die Erfahrung, mit der Periostbehandlung ein hochwirksames Verfahren der Reflextherapie gewonnen zu haben, bestätigte sich in den folgenden 5 Jahrzehnten klinischer und poliklinischer Anwendung bei zahlreichen Krankheitsbildern.
Die Methode wurde in annähernd 100 Lehrgängen im deutschen Sprachgebiet, in Holland und in der Sowjetunion an Physiotherapeuten, Krankengymnasten und Ärzte weitergegeben und ist Teil des Lehrplans medizinischer Fachschulen.

6.2. Wirkungsweise der Periostbehandlung

6.2.1. Örtliche Wirkungen

Der kräftige Reiz der Behandlung, insbesondere auf die Gewebe der Knochenhaut, löst Reaktionen aus, die über eine einfache Durchblutungssteigerung hinausgehen. Zu Studienzwecken kann man dies durch einen einfachen Versuch deutlich machen. Setzt man an einer gut tastbaren Knochenfläche,

etwa dem Brustbein, einen Behandlungspunkt und wiederholt dies an genau gleicher Stelle über mehrere Tage, so tastet man das Entstehen einer etwas *schmerzhaften weichen Schwellung* am behandelten Periost, die unter der weiteren Behandlung nach wenigen Tagen verschwindet und einen Tastbefund hinterläßt, der eher *fester* als zuvor wirkt. Es wird also eine entzündungsähnliche Reaktion des Periosts ausgelöst. Zwei Tatsachen lassen diesen Vorgang in einem besonderen Licht erscheinen: Die innere Gewebestruktur der Knochenhaut, die Keimschicht des Periosts, hat wichtige Aufgaben beim physiologischen Knochenwachstum und bei der ständigen Regeneration des normalen oder geschädigten Knochens. Die für die regeneratorische Anregung aller Stützgewebe des Organismus wirksamen Reize bestehen in den mechanischen Einwirkungen von Druck und Zug. Mit der Periostbehandlung besteht daher eine wohldosierbare Möglichkeit, die Zellbildungstätigkeit der Keimschicht des Periosts anzuregen.
Diese örtlichen Wirkungen der Methode haben sich bei einer Reihe von Krankheitsvorgängen praktisch bewährt. Besonders genannt seien Strukturschwund mit oder ohne Mineralverlust am Knochen, wie es bei manchen chronischen rheumatischen Krankheiten vorkommt, weiter die Sudeksche Knochendystrophie, aber auch sehr schleppend verlaufende Entzündungen der Knochenhaut bzw. ihr angelagerter Sehnenansätze.

6.2.2. Ferngeleitete Wirkungen

Die ferngeleiteten Wirkungen der Periostbehandlung sind vorwiegend als reflektorische Beeinflussung von Organfunktionen zu verstehen. Wie aus den Forschungen von Pawlow, Byckow, Speransky, Ricker u. v. a. bekannt ist, kommt der nervlichen Steuerung physiologischer und zahlreicher krankhafter Prozesse hohe Bedeutung zu. Die Wirkung vieler Formen physikalischer Therapie ist als reflektorische Beeinflussung von Funktionsabläufen zu verstehen, so auch die der Periostbehandlung.
Man kommt dem theoretischen Verständnis und der praktischen Anwendungsweise der Methode am nächsten, wenn man vom übersichtlichen Modell eines Körpersegments ausgeht. Die aus dem entwicklungsgeschichtlichen Geschehen zu verstehende Gliederung des menschlichen Körpers in einzelne Körpersegmente bedeutet das Vorhandensein einzelner Funktionseinheiten, die in ihrer Gesamtheit von geeigneten Reizen angesprochen werden können. Das jeweils von einem Paar Rückenmarknerven funktionell gekoppelte Körpersegment enthält Bezirke von Haut („Headsche Zone"), Muskulatur, Knochen, Gefäßen und inneren Organen.
Der am Periost gesetzte Druckreiz hat sich als besonders wirksam erwiesen, um *reflektorische Wirkungen* auszulösen. Dabei dürfte die besondere Technik der Methode von Bedeutung sein: Das rhythmische An- und Abschwellen des mit kleinen Kreisführungen des Fingers verbundenen Druckes. Durch diese Art der Einwirkung wird die vorzeitige Adaptation der Nervenfühler an den Druckreiz vermieden.

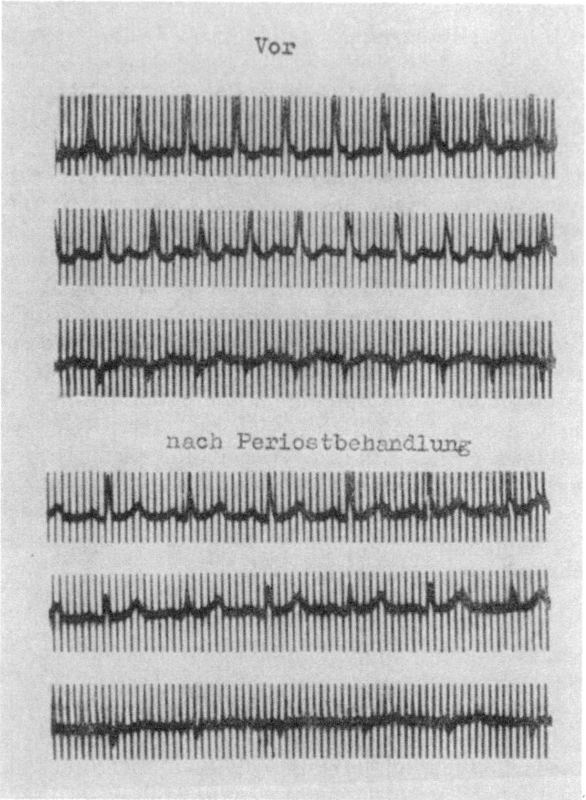

a

b

Abb. 58a Gehäufte Anfälle von paroxysmaler Tachykardie von einer Dauer bis zu 24 Stunden. Das Elektrokardiogramm während eines seit 4 Stunden anhaltenden Anfalls

Abb. 58b Elektrokardiogramm derselben Patientin nach Periostbehandlung der Herzgegend von 10 min Dauer. Rückgang der Frequenz von 176 auf 108/min

Durch eine Reihe experimenteller Untersuchungen wurden Wirkungen der Periostbehandlung auf innere Organe dargestellt und so die klinischen Wirkungen der Methode veranschaulicht.

Über beiden Rippenbögen und den unteren Teilen des Brustbeins durchgeführt, ließ die Methode im Röntgenbild eine Anregung des Tonus und des peristaltischen Bewegungsablaufs am Magen erkennen. Dabei fiel auf, daß die Tonusveränderungen sich in Richtung eines funktionellen Optimums bewegten, d. h., spastisch verengte Magenbezirke entspannten sich, erschlaffte Partien gewannen einen normalen Tonus, die Sekretion des Magensaftes wurde nach dem Verlauf der Säurekurven angeregt.

Eine tonusregelnde sowie die Austreibung des Gallensaftes aus der Gallenblase fördernde Wirkung ergibt sich sowohl bei Untersuchungen mit Hilfe der Duodenalsonde als auch bei der Röntgendarstellung der Gallenwege.
Viele Effekte physiotherapeutischer Methoden beruhen auf der *Förderung der Durchblutung* erkrankter Organe. Es gibt experimentelle Ergebnisse, die entweder direkt oder indirekt solche Effekte auch bei der Periostbehandlung erkennen lassen. Der direkte Nachweis gelang durch die Beobachtung des Gefäßspiels mit dem Bauchspiegel (Laparoskop) während der Behandlung an den betreffenden Knochensegmenten. Indirekte Hinweise für eine Durchblutungsanregung lassen sich im EKG Durchblutungsgestörter erkennen wie auch durch Untersuchung von Hirnfunktionen. Die Präzision des Sehaktes konnte durch Periostbehandlung im Bereich der Halswirbelsäule und des Hinterhauptes fast momentan verbessert werden.
Durch die Behandlung an den Herzsegmenten (Rippen und Brustbein) lassen sich therapeutisch wertvolle Wirkungen am Herzen auslösen. Die Schlagfrequenz vermindert sich um durchschnittlich 16 Schläge/min. Die Herztätigkeit wird dadurch oft ökonomischer. Rhythmusstörungen zeigen oft eine Tendenz zur Regularisierung. Anfälle von Herzjagen können kupiert werden (Abb. 58).
Der Reiz der Periostbehandlung wirkt intensiv anregend auf den Atemablauf. Die Methode hat daher Bedeutung erlangt als Hilfe in der Atemtherapie. Sie wird insbesondere angewandt, wo es gilt, behinderte Atemräume stärker in den Gaswechsel einzubeziehen.

6.2.3. Periostbehandlung und Schmerzbekämpfung

Die bisher erörterten Wirkungen der Periostbehandlung erklären schmerzlindernde Effekte bei Krampfzuständen der Muskulatur oder Durchblutungsminderungen infolge vasomotorischer Störungen. Die Methode hat sich jedoch auch zur Linderung von Schmerzen anderer Art gut bewährt, so bei toxisch oder mechanisch ausgelösten Nervenschmerzen oder Beschwerden in arthrotisch veränderten Gelenken. Hier spielen offenbar andere Wirkungsvorgänge eine Rolle. Der kräftige Reiz der Periostbehandlung ist mit einer gewissen Schmerzhaftigkeit verbunden, die jedoch zumeist nicht unangenehm empfunden wird. Es muß angenommen werden, daß das schon in der alten Medizin bekannte und für die Schmerzbekämpfung genutzte *Prinzip des „Gegenreizes“* für den Schmerzlinderungseffekt der Methode von Bedeutung ist. Daraus ergeben sich wichtige Regeln für die Lokalisation der Behandlungspunkte.

6.3. Stellung der Methode innerhalb der Physiotherapie

Durch das gezielte Einwirken auf die Knochenhaut unterscheidet sich die Periostbehandlung von allen anderen Methoden der Physiotherapie. Eine wichtige Eigenart der Methode ist die Möglichkeit, schwer zugängige Gewebeschichten anzugehen, die mit den Griffen der klassischen Massage oder der Bindegewebsbehandlung nicht erreicht werden. Eine weitere Erfahrung mit der Methode betrifft deren besonders intensive und anhaltende Wirksamkeit bei der reflektorischen Beeinflussung innerer Organe.
Mit diesen Feststellungen ist es verhältnismäßig leicht, der Periostbehandlung einen sinnvollen Platz in einem befundgerechten Behandlungsplan zuzuweisen. Die Periostbehandlung ist angezeigt, wenn bei der sorgfältigen Tastuntersuchung besonders deutliche schmerzhafte oder morphologisch veränderte Bezirke an der Knochenhaut gefunden werden; sie kommt als überlegene Form unter den Massagemethoden in Frage, wenn schmerzhafte Arthrosen an den Rippenwirbel- oder Zwischenwirbelgelenken zu behandeln sind.
Als streng lokalisierbare und sehr gut zu dosierende Methode der Reflextherapie und der Schmerzbehandlung haben sich Indikationen herausgebildet, die in der folgenden Übersicht wiedergegeben sind.

Bewährte Indikationen

Kopfbereich

- Vasomotorisch bedingte Symptome, insbesondere Kopfschmerz, Vertebragener Kopfschmerz (kombiniert mit klassischer Massage), Tensionskopfschmerz und Kopfschmerz bei gelotisch veränderter Kopfschwarte (hier kombiniert mit klassischer Massage), Migräne (vorwiegend als „Intervallbehandlung"; kombiniert mit klassischer Massage).
- Atrophischer Katarrh der Nasenwege.
- Vasomotorische Rhinitis bei Vorhandensein aktueller Maximalpunkte im Kopfbereich.
- Ankylosierende und arthrotische Kiefergelenkprozesse.

Wirbelsäule

- Schmerzhafte Reizzustände der Spondylochondrose.
- Chronische rheumatische Wirbelsäulenprozesse.
- Der Manipulationsbehandlung nicht zugängige funktionelle Blockierungen (z. B. infolge starker Rezidivneigung), statisch bedingter Kreuzschmerz.
- Restierender Kreuzschmerz bei Krankheitsprozessen im Kleinen Becken.

Thorax

- Angina pectoris.
- Örtliche Beschwerden bei chronischen Herzleiden.
- Paroxysmale Tachykardie.

Hilfsmethoden der Atemtherapie bei

- massiven Atemhindernissen (Pleuraschwarten, Kyphoskoliose, traumatische Thoraxdeformierungen),
- pneumonischen Restzuständen,
- Atelektasen,
- tracheal bedingtem Hustenreiz ohne Auswurf.

Abdominelle Erkrankungen

Hartnäckige Schmerzzustände bei Magen- oder Zwölffingerdarmgeschwür, Gallenleiden mit Neigung zu spastischen Beschwerden.

Übriges Skelettsystem

- Chronische und subchronische Periostitis.
- Arthritis deformans mit schmerzhaften Reizzuständen.
- Neurodystrophisches Syndrom (Sudeck).
- Anhaltende Beschwerden nach Luxationen und Frakturen.
- Periphere Angiopathie (Stadium 1–3).

6.4. Technik der Periostbehandlung

Lagerung bzw. Haltung des Patienten. Die Behandlung kann am liegenden wie am sitzenden Patienten vorgenommen werden. Der Körper wird nur so weit wie erforderlich entblößt, im übrigen wird dafür gesorgt, daß durch entsprechende Bedeckung die Durchwärmung auch der Gliedmaßen während der Behandlung gewährleistet ist.
Der Patient soll so liegen oder sitzen, daß er völlig entspannen kann. Auch unter dem Druck der Behandlung muß ein Gegenspannen vermieden werden. So empfiehlt es sich z. B., bei Behandlung der Halswirbelsäule im Sitzen, den Kopf auf einen erhöhten Tisch aufstützen.

Arbeitsgang – Handhaltung – Reizdosierung. Die allgemeinen Regeln für einen Massierenden gelten auch bei der Periostbehandlung.
Man sucht am Behandlungspunkt die bedeckenden Weichteile, vor allem Muskeln, wegzuschieben, um möglichst engen Kontakt mit dem Knochen zu gewinnen. Nachdem der Finger unter ansteigendem Druck den Widerstand des Knochens spürt, werden kleine Kreisführungen vorgenommen (Abb. 59). Der Durchmesser der Zirkel beträgt wenige (bis 5) Millimeter. Danach geht man mit dem Druck etwas zurück, ohne jedoch den Kontakt mit der Haut aufzugeben. Die kleine kreisende Bewegung darf keinesfalls bohrenden Charakter haben. Der Turnus des Druckgebens und -nachlassens dauert 4–10 s und wird am gleichen Ort 2–4 min lang wiederholt. Es kann sein, daß man die Behandlungsstelle rascher wechseln muß, wenn sich der Behandlungsschmerz zu sehr steigert.

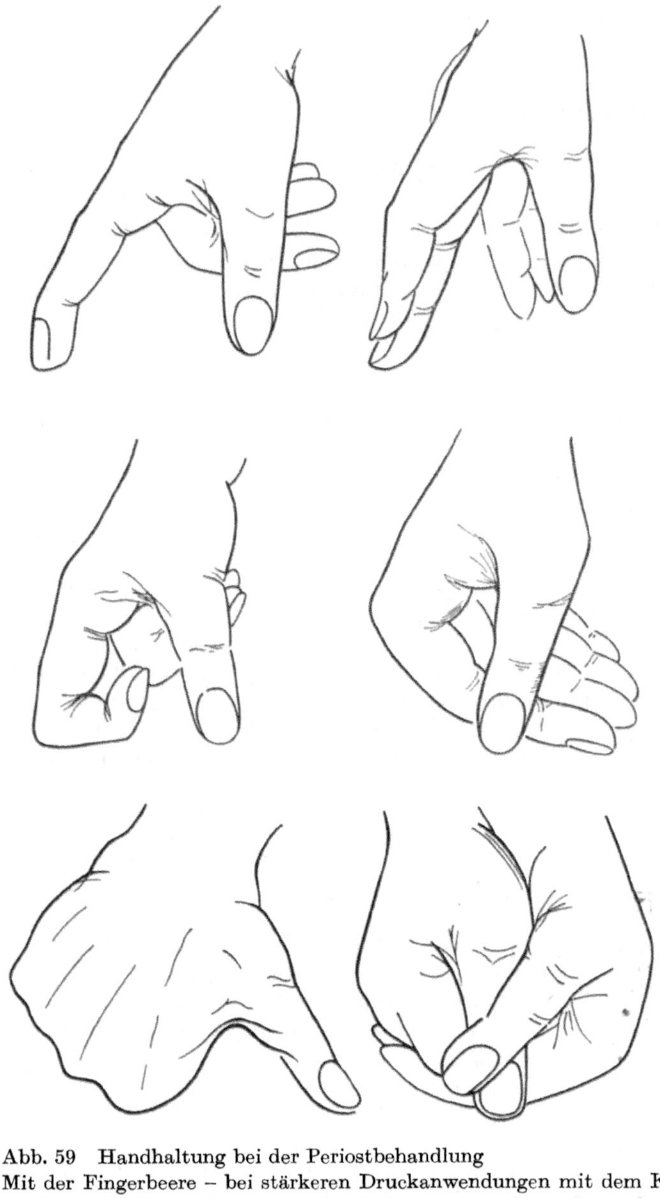

Abb. 59 Handhaltung bei der Periostbehandlung
Mit der Fingerbeere – bei stärkeren Druckanwendungen mit dem Knöchel eines Fingers – werden langsam an- und abschwellende Drücke gesetzt. Der arbeitende Finger bewegt sich dabei in kleinen Kreisführungen von wenigen mm Durchmesser. Die übrigen Finger vermitteln den für ein sicheres Arbeiten erforderlichen festen Halt durch Auflegen oder Abstützen auf der Oberfläche des Patienten.

Bei sehr kräftiger Behandlung kommt es vor, daß der Behandler nach 2–3 min ermüdet ist und aus diesem Grunde Ort und Handhaltung ändern muß.
Bei der Behandlung am Thorax wird das Tempo durch den Rhythmus des Atmens vorgegeben. Der Behandler muß hier die reflektorische Beeinflussung des Atemablaufs berücksichtigen und vermeiden, dem Patienten einen störenden Atemrhythmus aufzuzwingen. Bei normaler Atemfrequenz geht man während der Ausatmungsphase mit dem Finger in die Tiefe und läßt bei Beginn der Einatmung mit dem Druck nach.
Zum Abschluß werden an jedem Behandlungspunkt mit der Fingerbeere oder dem Handballen einige kräftige Ausstreichungen vorgenommen. Die durchschnittliche Dauer einer Sitzung beträgt 20 min.
Die *Häufigkeit der Behandlung* richtet sich nach der Art der Krankheit. Bei nicht akuten Krankheitsprozessen genügen in der Regel 2–3 Behandlungen je Woche. Handelt es sich um akute Beschwerden, so ergibt sich die Häufigkeit der Sitzungen aus dem klinischen Verlauf.
So kann bei Angina pectoris oder vasomotorischem Schwindel die Periostbehandlung als Methode der Anfallsbehandlung eingesetzt werden. In beiden Fällen ist sie daneben jedoch geeignet, als „Intervallbehandlung" die Anfallsbereitschaft zu mindern.
Die jeweils optimale *Behandlungsintensität* zu treffen ist nicht einfach und bedarf längerer Erfahrung. Es gilt einmal, die für die beabsichtigte Wirkungen erforderliche Reizstärke nicht zu unterschreiten, andererseits die Behandlung in mehrfacher Hinsicht erträglich zu halten. Als klinische Zeichen unverträglicher Behandlungsintensität gelten vor allem unangenehme Schmerzempfindungen und die Auslösung starker vegetativer Reaktionen, insbesondere vasomotorischer Art.
Die der Behandlung eigene gewisse Schmerzhaftigkeit darf nie ausgesprochen unangenehm empfunden werden. Der Behandler hält in der Frage der Schmerzauslösung verbalen Kontakt mit dem Patienten. Die große Stufung der Behandlungsintensität, innerhalb der es das individuelle Bestmaß zu finden gilt, geht daraus hervor, daß die aufzuwendende Druckstärke zwischen weniger als 1 kg und 15 kg schwanken kann.

Wahl des Behandlungsortes. Die Auswahl der Ansatzpunkte für die Periostbehandlung erfolgt unter 3 Gesichtspunkten:

- Sofern die unmittelbare Einwirkung auf den Krankheitsherd beabsichtigt ist (Knochendystrophie, chronische Periostitis o. ä.), nach der Lokalisation des Prozesses,
- wenn ferngeleitete Wirkungen genutzt werden sollen, nach nervenanatomischen und -physiologischen Gesichtspunkten,
- nach der massagetechnischen Eignung der zu behandelnden Knochenflächen.

Bei der *direkten Behandlung* von Krankheitsherden ist vor allem der etwa ausgelöste Behandlungsschmerz zu beachten. Bei Maximalpunkten der

Schmerzhaftigkeit führt man die Behandlung so weit vom Schmerzzentrum entfernt durch, daß sie gut erträglich bleibt, versucht aber, von Sitzung zu Sitzung näher an den Mittelpunkt der Schmerzhaftigkeit heranzugehen.
Zur reflektorischen Behandlung innerer Organe grenzt man das Behandlungsgebiet nach den peripheren Projektionsfeldern der jeweils anzusprechenden Organe ab.
Die segmentalen Innervationsverhältnisse des Skelettsystems und damit des Periosts sind bisher nicht mit der gleichen Zuverlässigkeit erforscht wie die der Haut (Headsche Zonen). Zur raschen Orientierung seien daher die wichtigsten Behandlungsfelder bei inneren Organerkrankungen angegeben.

Kopf (insbesondere Kopfschmerz): Schulterblattgräten, Halswirbelsäule, Hinterhaupt, beide Warzenfortsätze, Jochbögen, Glabella.

Herz: 1.–6. Rippe links, insbesondere ventral, Brustbein.

Gallenblase und Gallengangsystem: rechter Rippenbogen und Brustbein einschließlich Schwertfortsatz, Rippen paravertebral in Höhe der Schulterblattmitte.

Magen – Zwölffingerdarm: Rippenbogen beiderseits, untere Brustbeinhälfte.

Harnleiter: 12. Rippen und Beckenkamm.

Organe des kleinen Beckens (Genitalorgane und Blase): Beckenkamm, Kreuzbein, 4. und 5. Lendenwirbel.

Innerhalb dieser relativ großen Projektionsfelder haben etwa vorhandene reflektorische oder Schmerzzeichen am Periost für unsere Methode besonderes Interesse. Die klinische Erfahrung lehrt, daß sich von diesen durch die Tastuntersuchung ermittelten Stellen aus besonders günstige Behandlungseffekte erreichen lassen. Bezüglich der Schmerzbeachtung gilt auch hier das oben Gesagte.
Die massagetechnische Eignung von Skeletteilen betrifft vor allem die Weichteilbedeckung. Obwohl sich Muskeln und weiche Bindegewebe überraschend gut beiseite schieben lassen, um den Weg zum Knochen freizugeben, lassen sich Bezirke wie die Oberschenkel oder Darmbeinschaufeln meist nicht gut zugängig machen.
Bei stark gewölbten Knochen muß durch sorgfältiges Abstützen mit der anderen Hand das Abgleiten des arbeitenden Fingers vermieden werden. Am sichersten pflegt man zu arbeiten, wenn man im rechten Winkel zur Tangente stark gewölbter Knochen den Behandlungsdruck gibt.

6.5. Spezielle Anwendungstechnik an den wichtigsten Körperregionen

Nacken – Schulter. Die Behandlung dieser Region kommt bei ganz unterschiedlichen Krankheitsbildern in Frage: Kopfschmerzen unterschiedlicher Entstehungsart, wirbelbedingten Beschwerden des Nacken-Schulter-Arm-

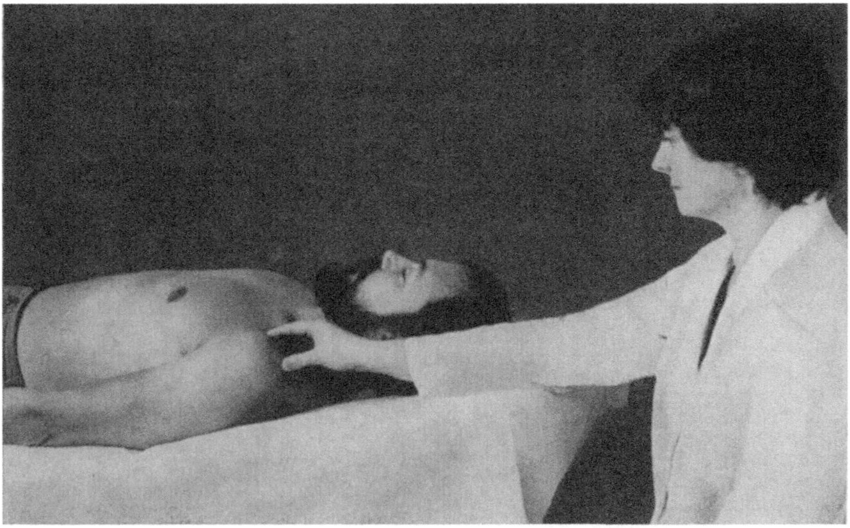

Abb. 60 Behandlung des Akromion mit der Daumenkuppe. Die gespreizten Finger 2–5 vermitteln Halt.

bereichs, bei entzündlich oder degenerativ bedingten Schmerzen der Schultergelenke oder auch der oft zu wenig beachteten Gelenkverbindungen zwischen Brustbein und Schlüsselbein.
Die Behandlungen können sowohl am Liegenden wie am Sitzenden vorgenommen werden (Abb. 60–63).

Kopf. Die Periostbehandlung am Kopf richtet sich vor allem gegen Kopfschmerzen und verwandte Symptome wie Schwindel; aber auch seitens der Kiefergelenke und der Nasenwege gibt es Indikationen. An den Kopforganen muß die Behandlung besonders einfühlend erfolgen. Überdosierungen können unangenehme Reizerscheinungen auslösen. Bevorzugte Behandlungsflächen des Kopfskeletts sind das Hinterhauptbein, die Warzenfortsätze, am Gesichtsschädel die Umrandung der Augenhöhle, Jochbein, Oberkiefer, das knöcherne Nasenskelett und die Kiefergelenke (Abb. 64–66).
Bei reizbaren Kopfschmerzkranken empfiehlt es sich, die Behandlungsserie an den Schulterblattgräten (Abb. 62) und über den Querfortsätzen der unteren Halswirbelsäule zu beginnen.
Sorgsam auszulassen sind die Austrittsstellen der 3. Gesichtsnervenäste (N. orbitalis, maxillaris, mandibularis).

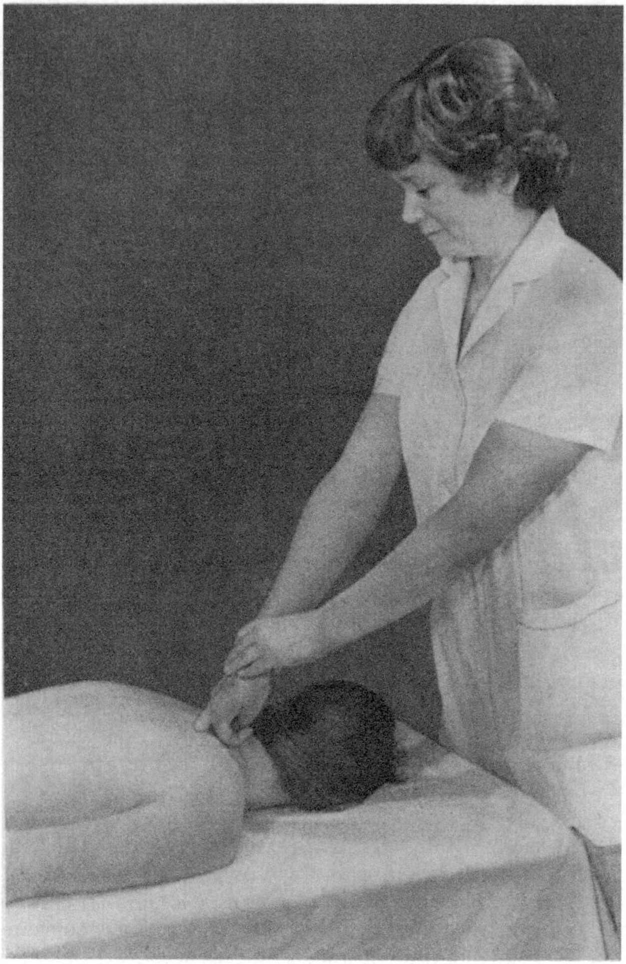

Abb. 61 Behandlung über dem Querfortsatz des 2. Brustwirbels mit dem Knöchel des Zeigefingers

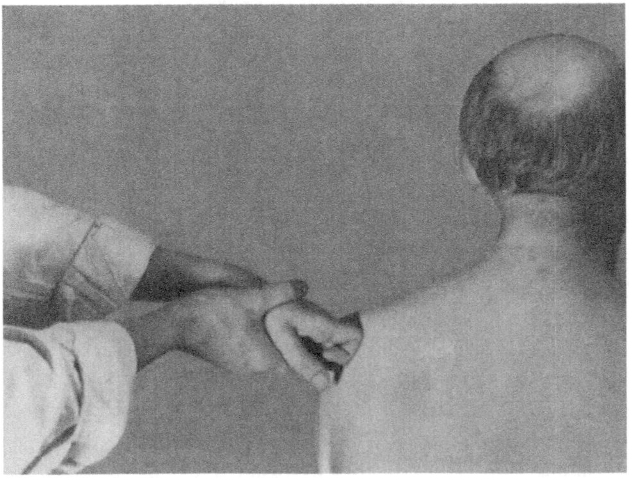

Abb. 62 Periostbehandlung an der Kaudalfläche der Schulterblattgräte mit dem Knöchel des Zeigefingers. Die mittlere Phalanx liegt dem Schulterblatt ganz auf. Der druckausübende Teil ist ausschließlich die Trochlea der proximalen Phalanx. Zur besseren Haltgebung könnte auch der Daumen aufgestützt werden. Die das rechte Handgelenk umgreifende linke Hand trägt zur sicheren Führung bei. Die Haltung der Hände deutet an, daß der Behandler die Kraft aus dem Rumpf über die ganz oder annähernd gestreckten Arme leitet.

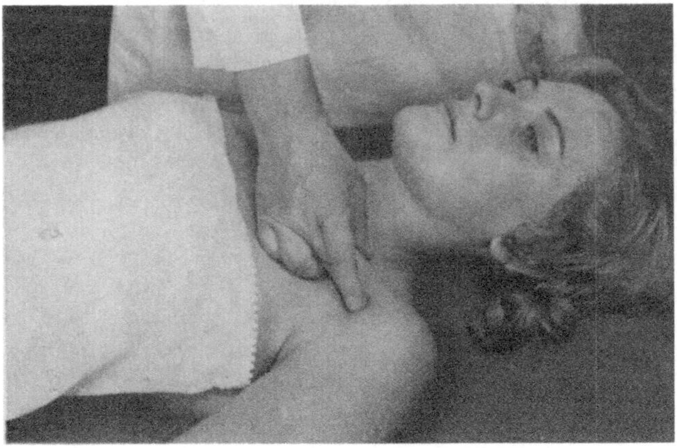

Abb. 63 Periostbehandlung über der Kaudalfläche des Schlüsselbeins

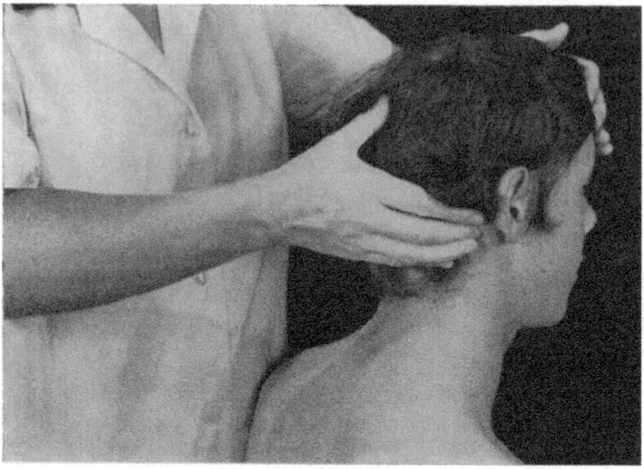

Abb. 64 Behandlung am Hinterhauptbein beim Sitzenden. Unterstützung des arbeitenden Mittelfingers durch den 4. Finger. Die linke Hand der Behandlerin gibt Gegenhalt.

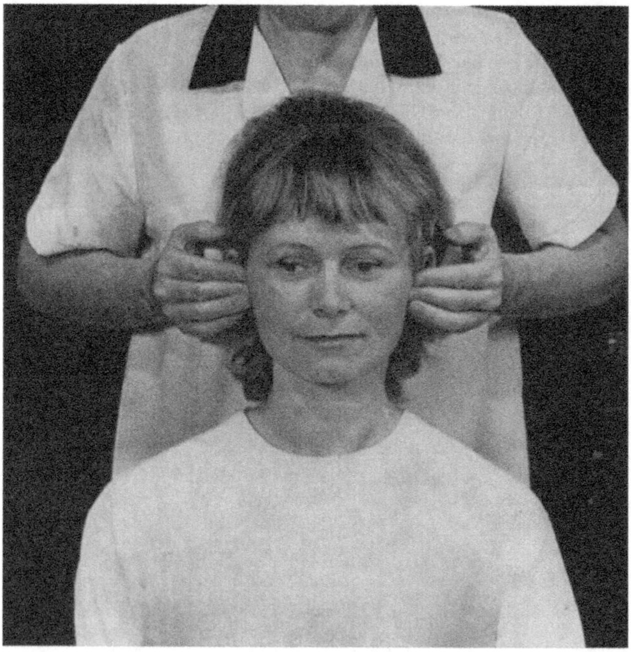

Abb. 65 Behandlung über den Kiefergelenken. Es wird mit beiden Händen rhythmisch koordiniert gearbeitet. Es behandeln die Mittelfinger.

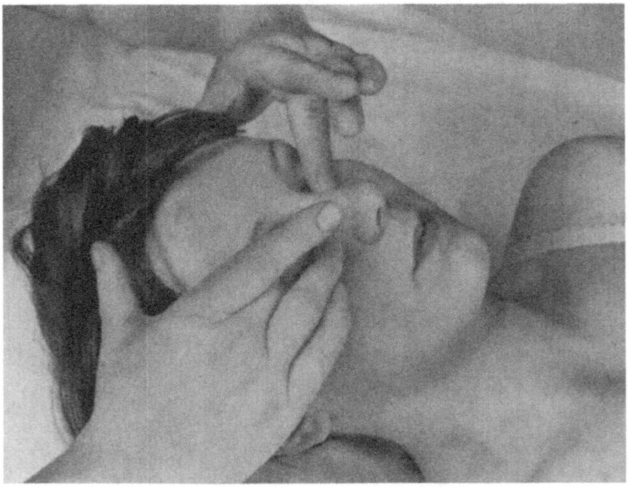

Abb. 66 Behandlung des Nasenskeletts. Mit den Fingerbeeren beider Mittelfinger werden koordinierte Bewegungen durchgeführt.

Thorax. Die Periostbehandlung am Thorax (Abb. 67–69) kann sowohl bei Herzleiden wie Erkrankungen des Atemapparates oder fehlerhaften Atemformen angezeigt sein.
Die Behandlung an den Rippenbögen kommt vor allem bei den – zumeist schmerzhaften – Leiden der Oberbauchorgane in Frage. Bei Störungen der Gallenwege liegt hier der Schwerpunkt der Behandlung am rechten Rippenbogen und Sternum, bei den Geschwürkrankheiten des Magens oder Zwölffingerdarms werden beide Rippenbögen behandelt. Projizieren sich von den Oberbauchorganen verursachte Schmerzzonen in die Höhe der Schulterblätter, so werden auch diese Rippenbezirke zweckmäßigerweise einbezogen.
Die Behandlungsfelder für das Herz liegen vor allem an der 1.–5. Rippe links und dem Brustbein. Ventral und lateral muß weit häufiger behandelt werden als dorsal. Bei der Periostbehandlung der relativ schmerzempfindlichen Herzregion ist die vorangehende Ermittlung reflektorischer und übertragener Krankheitszeichen besonders wichtig.
Bei den atemtherapeutischen Indikationsstellungen für die Periostbehandlung stehen 2 spezielle Zielstellungen im Vordergrund: Das Anregen zurückbleibender Thoraxpartien bei den Atembewegungen und die therapeutische Beeinflussung arthrotischer, entzündlicher oder funktionell gestörter Rippen-Wirbelgelenke.

Wirbelsäule. In der klinischen Praxis ergeben sich häufig dankbare Indikationen für die Periostbehandlung der Wirbelsäule (Abb. 70–71). Die Behand-

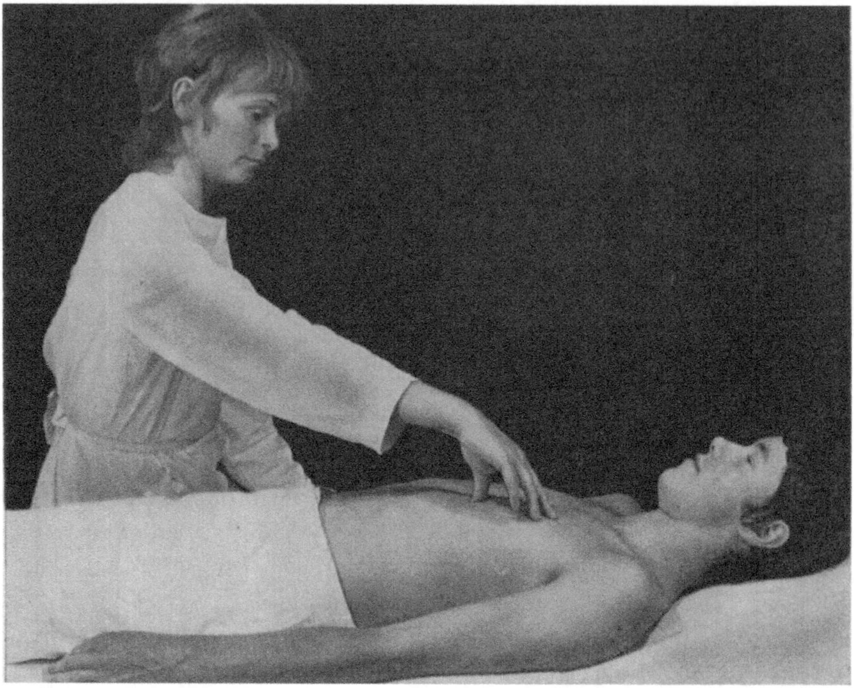

Abb. 67 Periostbehandlung im Segmentbereich des Herzens. Der Mittelfinger arbeitet auf der 5. Rippe links. Daumen, Zeigefinger und 5. Finger vermitteln den Halt.

lung wird vorwiegend über den Querfortsätzen vorgenommen und läßt sich an allen Segmenten durchführen. Die primäre Empfindlichkeit des Organs nimmt vom Kopf zum Kreuzbein ab. Während in der Regel die Halswirbelsäule mit geringeren Intensitäten durch die Fingerbeere behandelt wird, können im Lendenbereich hohe Druckwerte erforderlich sein. Man arbeitet daher hier zumeist mit dem Knöchel.
Um die kräftigen Muskelmassen der Rückenstrecker beiseitezuschieben zu können, ist auf entspannte Lagerung bzw. Haltung der Patienten besonders zu achten.

Becken-Kreuzregion. Orte der Behandlung sind die Dorsalfläche des Kreuzbeins, die Umgebung der Kreuzdarmbeingelenke, Beckenkamm, Sitzbeinknorren und gelegentlich die ventralen und dorsalen Spinae iliacae (Abb. 72–73).
Die Indikationen für die Periostbehandlung in dieser Region sind vor allem die aus vielen Ursachen entstehenden Kreuzschmerzen (rheumatische Prozesse der Kreuzdarmbeingelenke, statische Fehlbelastungen, Bänderschmer-

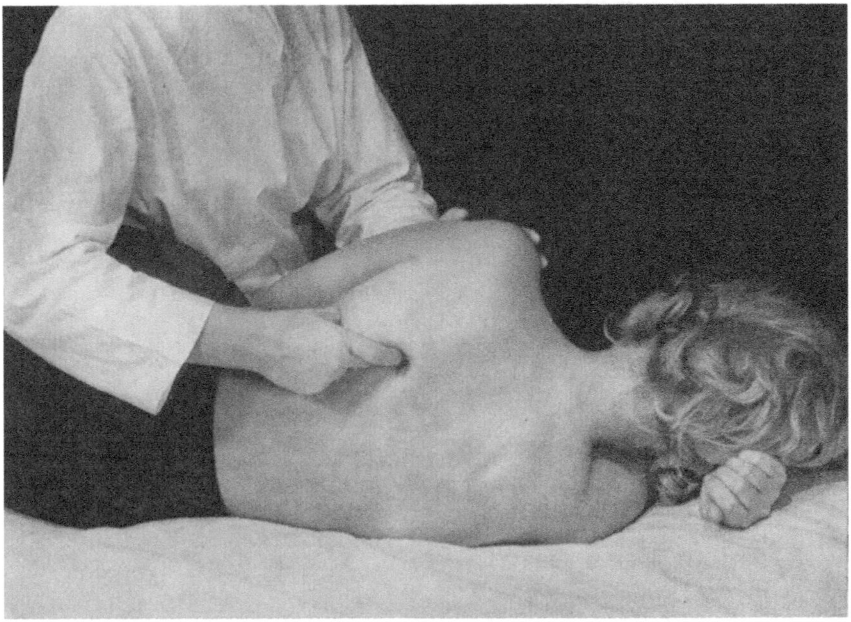

Abb. 68 Behandlung über den dorsalen Rippenabschnitten des Herzsegmentbereiches

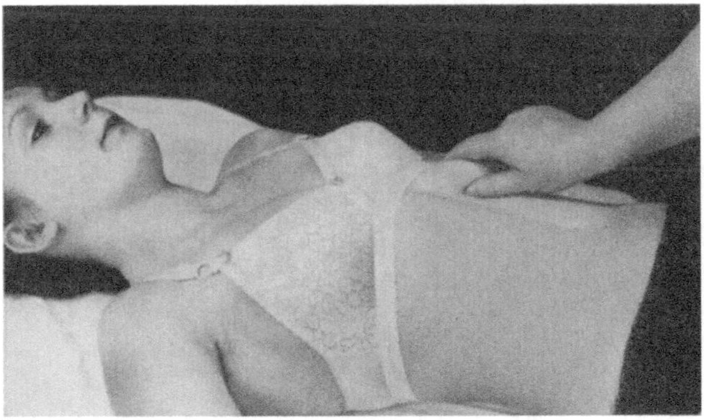

Abb. 69 Periostbehandlung am linken Rippenbogen mit dem Daumen der rechten Hand. Der Rippenrand wird umgriffen und seitlich nach außen Druck gegeben. Die übrigen Finger stützen ab.

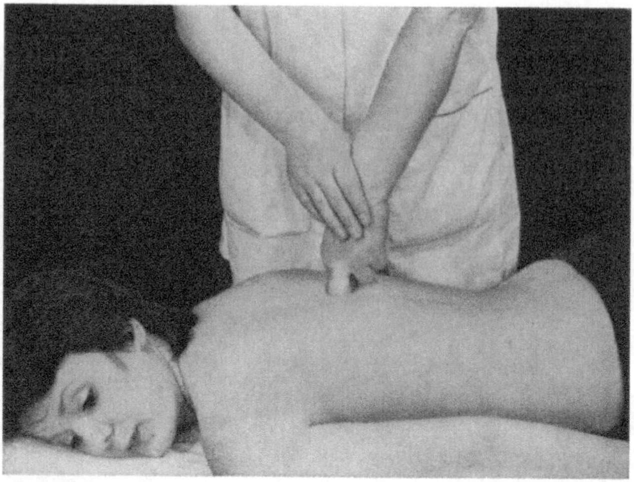

Abb. 70 Periostbehandlung mit dem Knöchel über dem Querfortsatz des 8. Brustwirbels. Die Mittelphalanx des 3. Fingers liegt fest auf, der Druck erfolgt in der Achse der Grundphalanx.

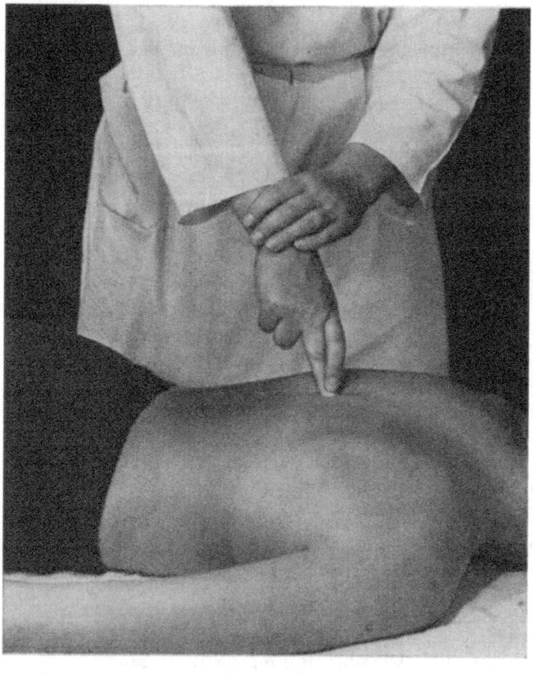

Abb. 71 Behandlung über dem Kostotransversalgelenk der 9. Rippe rechts

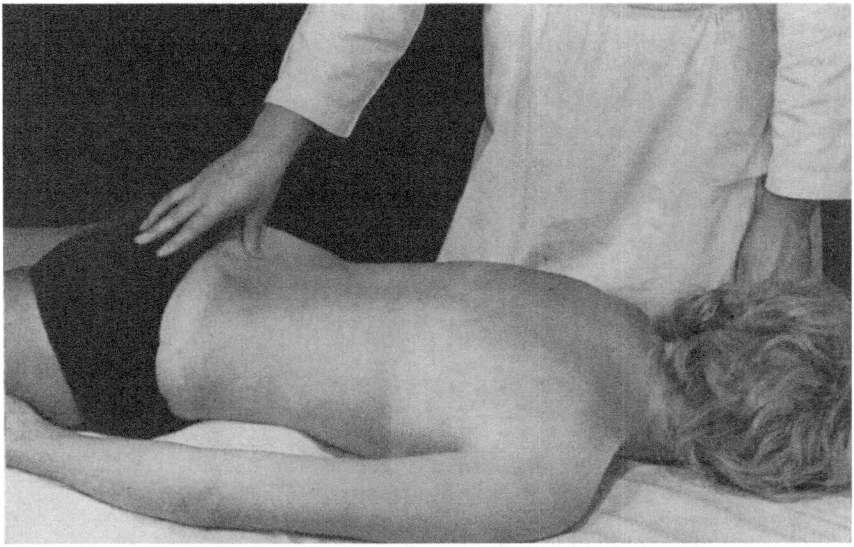

Abb. 72 Behandlung auf den Knochenflächen des lumbosakralen Übergangs

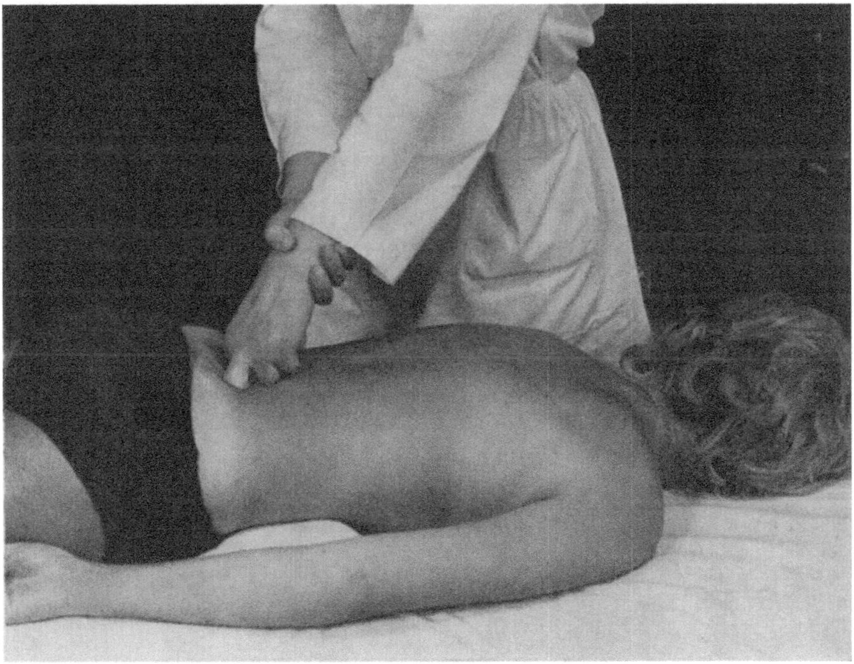

Abb. 73 Behandlung über der Kreuzbeindarmfuge. Kräftige Druckgebung aus der Schulter über den gestreckten Arm

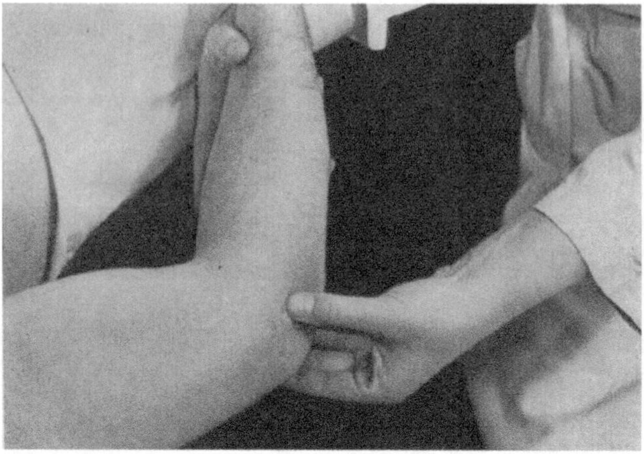

Abb. 74 Behandlung über den Epikondylen des Ellenbogens. Der Unterarm des Patienten wird vom Behandler gehalten. Es werden in diesem Fall durch Daumen und Mittelfinger Radial- und Ulnarseite gleichzeitig behandelt.

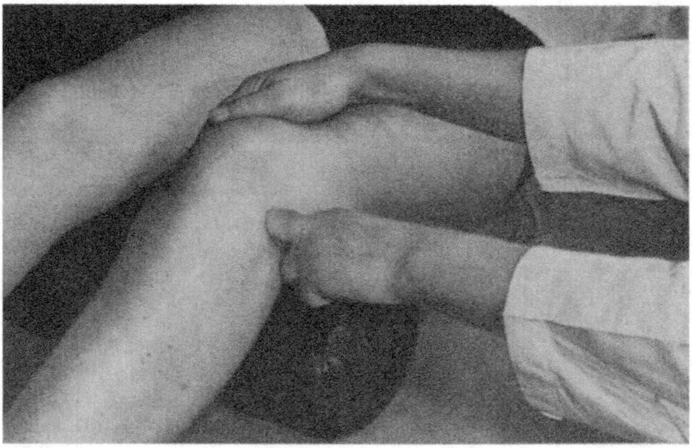

Abb. 75 Periostbehandlung über dem Epikondylus der Tibia. Die rechte Hand gibt Gegenhalt.

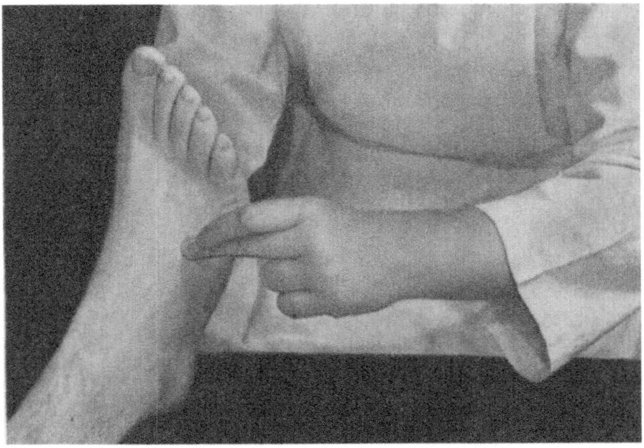

Abb. 76 Behandlung des Os metatarsale 4. Der Zeigefinger unterstützt den arbeitenden Mittelfinger. Die rechte Hand hält den Fuß.

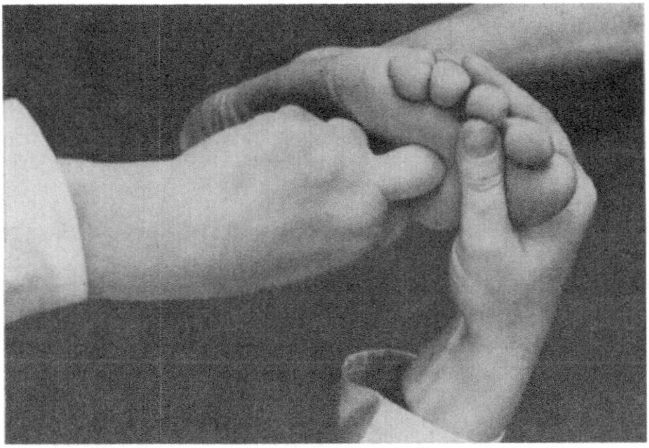

Abb. 77 Periostbehandlung des 2. Metatarsalknochens von der Plantarseite.

zen, übertragene Schmerzen bei Krankheitsprozessen im Kleinen Becken u. v. a.).

Untere und obere Extremitäten. Die Behandlung an den Gliedmaßen (Abb. 74–77) ist vorwiegend durch folgende Krankheitsgruppen indiziert: Degenerative und funktionelle Störungen an den Gelenken, neurodystrophische Prozesse, periphere Angiopathien.

Bei einachsigen Gelenken arbeitet man oberhalb und unterhalb der Gelenkspalten.

6.6. Kontraindikationen der Periostbehandlung

Die Anwendung des relativ kräftigen mechanischen Reizes verbietet sich bei allen Prozessen, die mit einer stärkeren Beeinträchtigung der Strukturfestigkeit des Knochens einhergehen: Akute Ostitis, Osteoporose und Osteomalazie stärkeren Grades, alle primären oder metastatischen Tumoren, traumatische Verletzungen, die der Ruhigstellung bedürfen. Gegenanzeigen können sich schließlich durch Schmerzhaftigkeit der Gewebe ergeben.

Aufgaben

1. Erläutern Sie die Wirkungsweise der Periostbehandlung!
   - die örtliche Wirkung
   - die ferngeleitete Wirkung.
2. Erläutern Sie die Technik der Periostbehandlung!
   - Arbeitsgang
   - Handhaltung
   - Reizdosierung.
3. Nennen Sie die wichtigsten Körperregionen, an denen die Periostbehandlung Anwendung findet!
4. Nennen Sie Kontraindikationen der Periostbehandlung!

7. Unbeabsichtigte Reaktionen durch die Massage

Treten trotz der Beachtung aller Befunde während oder nach der Behandlung Beschwerden auf, wurde der Massagereiz durch das Dekrement nicht genügend abgeschwächt und ist über die Seitenhornkette in ein anderes Segment fehlgeleitet worden. Es können weitere Reflexe, wie viszero-kutane, viszero-motorische, viszero-viszerale und zerebrospinale ausgelöst worden sein, die dann zu unbeabsichtigten Reaktionen führen.
Negative Folgen während oder nach einer Massage werden sofort beseitigt, erst dann kann die Behandlung fortgesetzt werden! In der Tabelle 4 sind 18 gegenwärtig bekannte unbeabsichtigte Reaktionen mit ihren Beseitigungsmöglichkeiten aufgeführt.

Tabelle 4 „Unbeabsichtigte Reaktionen und ihre Beseitigungsmöglichkeiten“ (Zusammengestellt nach Bernhardt, Dicke, Gläser/Dalicho, Haase)

Nr.	Behandelte Körperpartie	Unbeabsichtigte Reaktion	Beseitigungsmöglichkeit
1.	Gewebe neben LWS 3–5	Schmerzen und Parästhesien im entsprechenden Bein	Massage über Trochanter major und Tuber ossis ischii
2.	Scapula	Parästhesien im entsprechenden Arm	Bearbeitung der Achselhöhle
3.	Achselhöhle	Herzbeschwerden	Massage am linken unteren Thoraxrand
4.	Nackenband	Kopfschmerz, Benommenheit, Schwindel, Müdigkeit	Massage der Stirn; bei Migräne Massage am M. trapezius und Ausüben von „Augendruck“
5.	Quellung über 7. HW	Brechreiz	Intensive Friktionen am unteren Skapulawinkel
6.	Rücken	Tonuserhöhung im Trapezius und im M. pectoralis am Winkel zwischen Clavicula und Sternum	Massage des gesamten ventralen Thorax

Tabelle 4 (Fortsetzung)

Nr.	Behandelte Körperpartie	Unbeabsichtigte Reaktion	Beseitigungsmöglichkeit
7.	Zwischen WS und linker Scapula	Herzsensationen bis Angina-pectoris-Anfall	Massage der gesamten linken Thoraxhälfte
8.	Sterno-klavikulärer Anteil des M. pectoralis	Herzsensationen bis Angina-pectoris-Anfall	Streichungen und Friktionen am linken unteren Thoraxrand
9.	Interkostalmuskeln mit Zustandsänderungen	Herzbeschwerden	Streichungen und Friktionen am linken unteren Thoraxrand
10.	Os sacrum	Kollapsneigung mit Übelkeit	Massage an der Fascia lata
11.	Kreuzbein/Becken/ Rücken bei Leber-Gallen-Erkrankungen	Gallenkolik	Massage Th_{2-3} zwischen WS und Scapula und unterem Thoraxrand
12.	Lumbalgegend	dumpfer Blasenschmerz Druck im Unterbauch	Massage Unterbauch
13.	Über Os ischii	Lumbagobeschwerden	weiche Massage im Lumbalbereich
14.	Unterhalb Spina scapulae	Magenbeschwerden	Massage linker unterer Thoraxrand
15.	Beckenkamm Th_{10} L_1, wenn Quellungen vorhanden	Blasenbeschwerden	weiche Massage an Adduktoren
16.	Sternum	Durst/Würgegefühl	Massage HWS
17.	Im kaudalen Kreuzbeinabschnitt	Hinterhauptkopfschmerz kräftiges Schwitzen	Massage Ilio-Sakralfuge, Beckenkamm, Bauchmuskulatur
18.	Maximalpunkt Segmentwurzel Th_{10}	Nierenkoliken	Intensive Massage WS/ Rippenwinkel und zwischen WS und Skapula, Th_{3-4}

Sachwortverzeichnis

Angina pectoris 132
Angiopathie, periphere 133
Anschraubgriff 84ff.
Arbeitsbedingungen 12
Arbeitshaltung 13
Arbeitsweise 15
Armstörung 111
Armzone 99
Arthritis deformans 133
Atelektasen 133
Atembeschwerden 111
Atemtherapie 133
Atemwinkel 110
Ausgangsstellung 100, 102, 123
Ausgleichsgymnastik 14
Ausstreichungen 81, 86

Bauchlage 16, 30, 49, 55, 57, 60, 64, 95, 115, 123
Beckenbehandlung 83, 87f.
Beckenschüttelung 74, 76, 87
Befund 19f., 53, 69f.
Befunderhebung 19
Befundveränderung 19
Behandlungsablauf 15
Behandlungsaufbau 54f., 58ff., 64, 66f.
Behandlungsmethode 15
Behandlungsserie 53
Behandlungsziel 15, 53
Beinzone, arterielle 96
Benninghoffsche Spaltlinien 113, 122
Beschwerden, subjektive 25, 27, 96
Bewegungsablauf 46
Bindegewebe, interstitielles 23, 94
Bindegewebsmassage 94, 99
–, flächige 99, 102
Bindegewebszone 23, 94, 96, 111, 124
–, diagnostische 99
–, fasziennahe 25, 29
–, hautnahe 23
–, stumme 99
–, therapeutische 99
Blasenzone 96, 100

Darmbeinkammbehandlung 76, 87
Darmzone 1 96
Darmzone 2 99
Dehnfähigkeit 14
Dehnungsspannung 47, 59
Dekrement 149
Dermographia elevata 125
– rubra 125
Dermographismus 22
Dorsalbehandlung 83
Dorsalextension 14, 50
Drainagelagerung 51
Druckintensität 30
Druckschmerz 16
Drückung, intermittierende 52

Einziehung 25, 98
Ellenbogenpunkt 111
Empfindungen, subjektive 124
Entspannung 16
Entstauungslagerung 52
Erschütterung 51
Expektoration 51
Extremitäten, Behandlung 81, 88

Faserverlauf 46
Faszientechnik 94, 102ff. 108ff.
Fehlreaktionen 100, 112ff., 120
–, Beseitigung 107ff., 116, 120f.
–, Ursachen 104
Fingerspitzenführung 35, 38
Flechtgriff 51
Flecke, blaue 125
Friktionen, hautverschiebende 77ff.
Führungsrinne 46

Gabelgriff 30, 32, 35f., 46
Gallenleiden 133
Genitalzone 1 96
Genitalzone 2 98
Gesäßbehandlung 77, 87
Gewebsbefund 20
Gewebsveränderung 30, 55
Gewebszustand 48
Gewichtsverlagerung 29f.
Gleitmittel 54
Grätschstellung 31, 33, 35, 41, 46, 51
Griffkombinationen 19, 83

Hackung 49
Haltearbeit 16

Haltung der Finger 95f., 115, 123f.
– – Hand 96, 123
Handhaltung 123
Handwurzelführung 33f.
Hartspann 26
Hautbeschaffenheit 54
Hautfalte 41
Hautfaltenmethode 25
Hautreaktion, vasale 89
Hauttechnik 94, 122
Hautverschiebung 41ff.
Headsche Zone 22, 129
Herzbeschwerden 111
Herz-Magenzone 98
Herzsegmente 131
Hinterhauptbehandlung 86
Hinterhauptgegend, Behandlung 77
Hustenreiz 133
Hyperalgesie 22, 82
Hyperämie 30, 44, 49
Hyperästhesie 22
Hypertoniker 95
Hypertonus 89
Hypotoniker 95

Interkostalräume, Behandlung der 77, 85
Intervall 90
Irritierung s. Fehlreaktionen

Juckreiz 107, 111, 117

Kiefergelenkprozesse 132
Klatschung 49f.
Klopfung 49f.
Kloßgefühl 112
Knetung 44f.
Knierolle 16, 44, 46, 61
Knochenhaut 132
Kolonbehandlung 59
Kondition 19ff.
Konstitution 19f.
Konstitutionstyp, parasympathikotoner 20f.
–, sympathikotoner 20f.
Kopf-Nackenbehandlung 83, 86
Kopfschmerz 132
Kopfschwarte 66
Kopfschwartenbehandlung 77, 86
Kopfzone 98
Körperdeckenveränderung 53
Körperhaltung 15, 48
Körpersegment 129
Kraftaufwand 52f.
Kreuzbeinbehandlung 77, 87
Kreuzschmerz 132

Lagerung 16
Lagewechsel 16
Längsgang, paravertebraler 23, 110f.
Leber-Galle-Zone 98
Lendenlordose 46
Lockerung 14
Lymphknoten 57f.

Mackenzie-Zone 25
Magendruckgefühl 111
Magengeschwür 133
Manipulationsbehandlung 132
Massage 11ff.
Massagebank 12f., 16, 35, 44, 51
Massageraum 12
Massagereiz, adäquater 19
Maximalpunkte 89, 111, 135
Mischempfindung 107, 113, 117
Mittelstellung 16, 36
Müdigkeit 126
M. tibialis anterior, Behandlung 61
Muskelfunktionsprüfung 70
Muskelrand 46f.
Muskelsehne 44
Muskelspannung 13
Muskelspindel 70
Muskeltonus 12, 49, 70
Myogelose 28, 69f.

Nackenbehandlung 77, 86
Obergrätenmuskel, Behandlung 81, 84ff.

Palmaraponeurose 66
Paraesthesie 101, 109, 117
Periostbehandlung 128
–, Indikationen 132
–, Kontraindikationen 148
–, Technik 133
–, Wirkungsweise 128
Periostitis, chronische 134
Periostveränderungen 26
Peripherie 83
Phonationsübung 51
Plättgriff 30f., 39
Plexus brachialis 107
Pronation 36, 44, 48f.

Quellung 25, 100, 124f.

Reaktion 54, 124ff., 149
Reaktionsablauf 13
Reaktionsgeschwindigkeit 89
Reaktionslage 88
Reaktionspunkte 107, 109, 144ff.
Reaktionstyp 88
Reaktionsverhalten 52f.
Reaktionsvermögen 88
Reflexe 124, 149
Reflextherapie 128
Regulationsvorgänge 19
Reibung 40f.
Reiz 19f., 89
Reizleitungsbahnen 88
Reizschwelle 19
Rezeptoren 88, 124
Rhinitis, vasomotorische 132
Rollgriff 78, 84, 87
Rückenlage 16, 44, 51, 57f., 60f., 64, 67
Rückenmuskulatur, autochthone 109

Schenkelbinde, Behandlung 86
Schluckstörungen 112
Schmerzbekämpfung 131
Schmerzfreiheit 16

Schmerzverträglichkeit 48
Schneideempfinden 25, 30, 94, 103ff., 124f.
Schrittstellung 30, 33, 41
Schubgriff 79, 84
Schulterblattumrandung 79, 84ff.
Schüttelung 14, 50f.
Segment 53f., 94, 109
Segmentmassage 83, 88ff.
Segmentwurzel 83
Sehnenrezeptor 70
Spannungsvermehrung 22
Spitzfußstellung 17
Stauung 52
Sternumbehandlung 80, 85
Stirnbehandlung 81, 86
Stoffwechselreaktionen 99
Störungen, funktionelle 25, 99
Streichung 29ff.
Sudeksche Knochendystrophie 129
Supination 36, 44, 48f.

Tachykardie, paroxysmale 130
Tastfähigkeit 15, 49, 54
Tastuntersuchung 136
Therapieplan 14
Thoraxbehandlung 83, 85, 88
Training 14
Trapeziusgriff 81, 85f.

Überdosierung 49
Unterarm, Behandlung der Extensoren und Flexoren 81
Untergrätenmuskel, Behandlung 81, 84ff.
Unterhauttechnik, 94, 102ff.
Unterschulterblattgriff 82, 84ff.
Unverträglichkeit 54

Venen-Lymphzone 96, 105
Verklebung 41
Verschieben, flächiges 25, 99
Verschiebeschicht 23, 94, 122
Verschiebungsgrenze 25, 100, 103, 108
Verspannung 69
Vibration 51
Volarflexion 50

Wirbelgelenke 132
Wirbelsäule 132
Wirkungen 19, 90
Wirkungsweise 102, 124

Zellregeneration 128
Zirkelung 48f.
Zug, therapeutischer 102ff., 106, 108, 111, 115, 122
Zuggriff 82, 84
Zugreiz 23, 94, 96, 102ff., 122, 124
Zwischendornfortsatzgriff 82, 84, 87

GPSR Compliance

The European Union's (EU) General Product Safety Regulation (GPSR) is a set of rules that requires consumer products to be safe and our obligations to ensure this.

If you have any concerns about our products, you can contact us on ProductSafety@springernature.com

In case Publisher is established outside the EU, the EU authorized representative is:

Springer Nature Customer Service Center GmbH
Europaplatz 3
69115 Heidelberg, Germany

Batch number: 10809464

Printed by Printforce, the Netherlands